Homework due on **30 NOV** -

①-Finish Handout on "AR" verbs

②- Finish Handout on "Fazendo Compras" + verbos

③- Quiz on "Fazendo Compras" on 11/30

④ - Do irregular verb H/O + exersiu

Brasil! Língua e Cultura

BRASIL! LÍNGUA E CULTURA

TERCEIRA EDIÇÃO

Tom Lathrop
and
Eduardo Mayone Dias

Drawings by Hal Barnell

Cover by Jack Davis

LinguaText, Ltd.

Jack Davis at work on the cover

On the cover: A Xingu Indian with his cell phone,
Don Pedro II keeping pace, Gustavo Kuerten,
Christian Fittipaldi in his Formula 1 car, Ronaldo,
and Xuxa Meneghel.

Copyright © 1992, 1998, 1999, 2002, 2004 by LinguaText, Ltd.
270 Indian Road
Newark, Delaware 19711 USA
Phone: 302-453-8695, 800-784-4938
Fax: 302-453-8601, 800-784-4935
e-mail: linguatext@juno.com
http://www.LinguatextLtd.com

ISBN: 0-942566-34-3
THIRD EDITION, Corrected

Book design and layout by Michael Bolan (www.michaelmade.com)

The ancillaries to this book include a writing/lab manual called
Caderno de Trabalho (ISBN: 0-942566-35-1); language lab audio lessons
(ISBN: 0-942566-36-X), available free to schools and over the Internet;
an instructor's manual and key to exercises (ISBN: 0-942566-37-8), available
free to instructors.

PRINTED IN THE UNITED STATES OF AMERICA

*We dedicate this book
to the memory of
WAYNE KINNEY,
a genius among geniuses*

TABLE OF CONTENTS

AO PROFESSOR ▰▰▰▰▰▰▰▰▰▰▰▰▰▰▰▰▰▰▰

BRASIL! Língua e Cultura, now in its is third edition, is a first-year college-level Portuguese textbook. It has structural, communicative, and cultural goals. The book is divided into twenty lessons, and is accompanied by an audio program, a combination language lab/writing manual, and an important instructor's manual. Although our informants come from most of the heavily-populated regions of Brazil, we felt that the cultural emphasis should center around São Paulo.

There are several features in our book which we have developed and consider to be both new and useful.

What's New? — The previous edition was really made necessary by the surprising stabilization of the economy. Lesson 14, which had originally dealt with the problems of galloping inflation and how people coped with it, had to be changed. Lesson 20 was also changed entirely in its cultural content. In this third edition, Lesson 14 has again been revamped to tell about the new currency—not only the **real**, but also the new polymer bills. Lesson 19 has been redone as well, to include problems dealing with the energy crisis and street vendors. We also have once again made hundreds of small changes and corrections throughout the text and have added dozens of new websites as well.

Vozes brasileiras — It was our goal to use as much "real language" as possible in this book. To do this, we recorded interviews with a number of Brazilian university students and put transcriptions of what they said in short sections called **Vozes brasileiras**. There are more than 75 **Vozes brasileiras** in our book, each one dealing with a different aspect of Brazilian culture. Our young speakers each have their own opinions, so sometimes information in one **Voz** will be at variance with or even contradict what is said in another one—which we think is good. Many of the **Vozes** will tell your students things that are utterly fascinating, and impossible to learn about elsewhere, for example, the tradition of the **Dia do calote**, the **Leitura** from Lição 2.

It has always been our feeling that students need some kind of support as they read, to reassure them that they are indeed reading what they *think* they are. To this end, virtually every **Voz** is accompanied by a drawing which illustrates some aspect of it. Of course the drawings can stand on their own, and can be helpful even if not mentioned in class, but you will see when you read about the uses of the Instructor's Manual that they can be profitably used to trigger pre-reading exercises.

Dois a Dois *Exercises* — In the typical language classroom, students may speak for a few seconds a number of times each class. This doesn't seem like enough speaking. In the **Dois**

a Dois exercises, students break into groups of two to ask each other questions or perform some activity. In this way, they will speak for minutes rather than just seconds.

Diálogos — Every lesson has a Dialogue. Our hero is Scott Davis from north of San Francisco. In the **Diálogos**, Scott meets different people, engages in several activities, and makes his way around São Paulo and Brazil. These **Diálogos** complement the cultural mission of the lessons. The **Diálogos** are not designed to be memorized, but rather to offer examples of natural conversation in different circumstances.

Leituras — Using *only* spoken language can be a very problematic thing, so we have also used a number of readings, some from printed sources, and others written for this book. A few **Leituras** have been adapted from speech, such as the **Dia do Calote** in Lição 2. In Lição 20, the last lesson, there are no **Vozes brasileiras** at all, just **Leituras**. Each lesson has a main **Leitura** at the end, and several lessons have **Leituras** or **Leiturinhas** in the middle, too.

Notas Culturais — Supplementary cultural information is given in **Notas Culturais**, written mostly in English. In the early lessons especially, when students cannot cope with lots of information in Portuguese, these **Notas** impart most of the cultural information of the lesson. Elsewhere, the **Notas** provide information in a quickly digestible form.

On using "real language" — Whenever people talk, they are free to use any vocabulary and any constructions they need to convey their message. So, when we transcribed our **Vozes**, especially for the earlier lessons, it was clear that our speakers would use words and constructions that students had not seen before—future subjunctives, past tenses, and so on. To make these texts comprehensible, we have done two things for each one. First, notes immediately follow each **Voz** which explain expressions and quickly annotate new grammatical points, as you will see even in the first **Voz** on page 10. Second, a specific vocabulary for each **Voz** follows the notes. Obvious cognates are not included, but all other new words do appear. Less common words may appear in more than one of these vocabularies.

We use this same technique of notes and specific vocabularies with the **Leituras** in every lesson and the **Diálogos** after lesson 10.

We grant that real spoken language takes longer for students to work with than similar texts would in *La plume de ma tante* approach, but we believe that the rewards are great. We also believe that the real language of the young people we interviewed will stick better and, of course, be much more useful that traditional "textbook language."

Grammatical explanations — The structural content of *BRASIL! Língua e Cultura* has a number of features worth mentioning. First, in its explanations it avoids grammatical hyperbole and complicated syntax. In our view, it is crucial for our students to grasp structural concepts easily and immediately. If students cannot understand a concept, they have no hope of putting its information to use. Where definitions or concepts are given, they are in as succinct and understandable form as possible. We feel that our explanations of the direct/indirect objects, future subjunctive, preterite/imperfect, and the present subjunctive are particularly comprehensible.

Second, the structural information is organized so that there is a logical progression of grammatical information. One structure leads to the next or sets up a construction treated later. For example, as soon as all of the preterite is introduced, we give the future subjunctive, which is based on preterite forms. Since it is the most commonly used subjunctive tense, we felt it was important to introduce it before other tenses of the subjunctive.

Third, and this is most important, not every nuance, every ramification of every point of grammar is given in *BRASIL! Língua e Cultura*. The book instructs only the common, important cases, and sticks with them until students have comfortably acquired them. Only then can the refinements be explained (many of these are reserved for the second year).

The Instructor's Manual — This manual will do a number of things to make your work easier and your classes better. You will see in this textbook that many oral exercises are referred to but not included in the textbook proper. It seemed counterproductive to us to PRINT *oral* exercises in the textbook. Most exercises that could be done in a purely oral way have been put into the Instructor's Manual.

All but a few of the **Vozes brasileiras** have an accompanying drawing which can be used in a number of ways. The Instructor's Manual suggests ways for using the drawings as a starting point for pre-reading exercises. Questions are given for the purpose of preparing students for their reading of these texts by introducing vocabulary and ideas that will make their reading easier. Where additional information is required about the drawings or the **Vozes**, it is given in the Instructor's Manual.

Pedagogical tips and organizational helps are also included here. What are ways of introducing the information in Lição 1, Section 1? If you like the suggestions, use them. If you want to modify them, that's fine. And if they're not your style, just reject them.

A key to the language lab exercises is also given in this Manual. In this way instructors can see what the correct answers are without having to listen to the tapes.

The Writing/Language Lab Manual — The Writing Manual and Language Lab Manual are contained in the same volume. Each lesson starts out with exercises to be written, followed by what students need to do for their lab work.

Each structural section in the textbook is numbered. In the Writing Manual, exercises corresponding to that section bear the same number. If there is more than one written exercise per section, they are numbered with numbers and letters. Some writing manuals in recent years have included a key to the exercises in the back of the book. We feel this is counterproductive and have not included a key in the manual itself.

The audio component of *BRASIL! Língua e Cultura* starts with a pronunciation exercise, each one dealing (at first) with one major sound responsible for the typical North American accent in Brazilian Portuguese.

There is then a series of grammatical exercises. Some are fully oral, some are fully written, and some are half-oral and half-written. Some of them are accompanied by drawings or realia so that students can answer questions based on them which are confirmable by the tape. No exercise seen in the textbook is duplicated in the lab program, so students will always be doing something fresh in the lab.

Ending each lesson is a comprehension text, based on or continuing the cultural information from the book's lesson, and a dictation (given without indication of punctuation).

We hope you like teaching from this book, and your students enjoy learning from it. And please write us (lathrop@udel.edu, EMDias@aol.com) to tell us what you do (and don't) like.

T.A.L. and E.M.D.
Newark, Delaware and Los Angeles
May, 2002

AO ALUNO

If you have never stepped into a Brazilian Portuguese classroom before, this book was written for you. For those who have had some Spanish, there are little notes throughout the text that will point out differences and similarities between the two languages.

You may be surprised to learn that Portuguese is one of the world's "top ten" languages. In those top ten, Spanish and English are the only other European languages. With your **sotaque brasileiro** *Brazilian accent* you will be understood wherever Portuguese is spoken, not only in Portugal, but in the African Portuguese-speaking areas as well.

Earlier Portuguese textbooks have given their major cultural focus to Rio de Janeiro—it had been the capital of the country, and it had also been the largest city. That has changed. Now the largest city in Brazil—indeed, the largest city in the Southern Hemisphere—is São Paulo. It is the economic and cultural capital of Brazil as well. Because of these facts, our emphasis is on São Paulo. You will come to know quite a bit about this city. We have not neglected other major cities—there are cultural lessons about Rio, Brasília, and Salvador as well.

We have initiated something new in this book. Our **Vozes brasileiras** *Brazilian Voices* sections are short transcriptions taken from interviews with Brazilian university students. They tell you what we hope will be fascinating information about varied aspects of Brazilian life and customs. This is real language—and not the made-up information that usually fills language textbooks. We have added notes and vocabularies for each of these sections to make them readily comprehensible. We hope that you will really profit from these, not only in your ability to speak as Brazilians do, but also in your ability to understand.

So many people say they want to learn to "speak the language, but not learn its grammar." By this they mean that they don't want to learn all of the technical jargon and pseudo-philosophical grammatical rules—with this we sympathize entirely. For us, grammar is the structure of a language. You cannot begin to be fluent or even make yourself understood unless you are able to put words in the right place at the right time. We will not encumber you with grammatical gibberish, but we will tell you in simple terms how to put sentences together. It is true that there are one-word exclamations which are highly meaningful (*Wait! Stop!*), but if you want to communicate a thought or a desire, you will fail unless you know how to put a sentence together.

Will you make mistakes (even with our clear explanations)? Yes, of course. It's unavoidable. The material used in Lição 1—the gender of nouns and the use of articles—is deceptively simple. In fact, about the very *last thing* that people will master in learning a foreign language is precisely the gender of nouns and the use of articles. Please don't think there is something the matter with you if you can't master these seemingly simple things immediately.

Language takes time—lots of time—and lots of exposure and practice before you can become fluent. There is simply no way around it. At the end of this year you should be able to take a trip to Brazil and get along fine in your day-to-day activities. But if someone asks you to explain your country's political policies, how to make a hamburger, or to describe your family dog, chances are you'd not be able to do it (although it's worth a try). This is what you will be able to in a few years.

The traditional language class does not give the student much of an opportunity to speak very much. We hope that you will be speaking for minutes at a time rather than just seconds through our **Dois a Dois** *two at a time* exercises.

Brazilian Portuguese, and the culture it derives from, are both delightful, and we hope you will be captivated by both in this year of study. With this we wish you good luck, and we hope you will enjoy this coming year of study.

ACKNOWLEDGMENTS

We are very happy to acknowledge the assistance of several Brazilian informants who provided much cultural and linguistic information for this book: Álvaro Coelho, Luciana Castro, Regina Helena Pires, and Mônica Borger from São Paulo city; Pedro Mesquita and Andréa Mollica from the State of São Paulo; Luís Mendes from Rio de Janeiro; Wilson Andrade Carvalho from Salvador; Gilberto Schleiniger from Porto Alegre; Rodrigo Rios Melo from Minas Gerais; Eduardo Caetano and Célia Harumi Seki are from Campinas. Bela Feldman Bianco and Maria Augusta Vieira, the former a professor at UNICAMP (University of Campinas) and the latter at USP (University of São Paulo), found informants for this third edition: Aline Ferraz and Júlio César Dória, of USP's Theatre Arts Department; and Eduardo Caetano da Silva and Célia Harumi Seki (UNICAMP). Eduardo and Neni Bettancourt of USP's Tourism Department (with Daniel Dias Penha of the University of Santo Amaro, Department of Physical Education), gave author Lathrop guided tours of São Paulo. Eduardo, and his friend Célia, also provided lots of information in videotaped interviews. Célia also gave author Lathrop a tour of UNICAMP. Piotr Kilanowski of the University of Brasília, among other places, has also been a useful informant and good friend.

C. B. Toney

Author Lathrop writes this paragraph: I thank particularly Sebron Toney of our American Embassy in Brasília for arranging a most useful series of guided tours around the capital, and for his fellowship and friendship during my stay. I have the impression I have known C. B. Toney all my life. The way our Embassy treated me made me proud to be an American. Darrell Jenks and his daughter showed me the natural wonders around the city. Bert Curtis gave me an early-morning tour in the Lago Sul residential area. Lillian de Valcourt showed me the Torre de TV and the *feira hippie*, then we went onto the All-Embassies volleyball game at the US Marines' house. I saw the Marines' weight room/gym—woe to any would-be aggressor! Leila Serpa showed me the Centro de Entreinamento Eqüestre AVALON where young cowboys are trained by João Alberto La Rosa. Hasty de Carvalho Vieira led me to the major sights of the capital.

There were some North Americans who supplied information about Brazil, too: Dan Parke provided information about universities and **favelas**, Stephen Berg (a resident of Rio) and Susan Klein provided information about Rio. Bobby Chamberlain (University of Pittsburgh) wrote the section about Brazilian slang and informal language for Lesson 20, and later made good comments to make this edition better.

Additional information was given by several sources. Information about Chico Buarque (Lição 12) came from Philippe Billé's University of Bordeaux thesis "Chanson d'Amour et

Chanson Engagée dans l'Œuvre de Chico Buarque." Philippe's sister, Marie-France Guéraud, let us use the thesis. For Lição 5 on the family we used information from *Behaving Brazilian* by Phyllis A. Harrison (Cambridge: Newbury House, 1983). From *Studies in Latin American Popular Culture* (vol. 7), devoted to Brazil, we used information from: Charles Wagley, "The Animal Game in Crisis"; Cacilda M. Herold, "The 'Brazilianification' of Brazilian Television"; Joseph D. Straubhaar, "The Reflection of the Brazilian Political Opening in the *Telenovela*"; and Randal Johnson, "*Deus e o Diabo na Terra da Globo*: *Roque Santeiro* and Brazil's 'New' Republic." Randal also provided other useful information for which we are grateful. Stephen Berg of Rio's Instituto Brasil-Estados Unidos, contributed the reading about **Carnaval.** Information about "Gugu" in Lição 20 derives in part from Divya Shukla's March 1996 article in *Brazzil Magazine* (which can be found on-line at www.brazz-il.com), and from Gugu's website (www.uol.com.br/gugu). Information about Xuxa derives from her website (www.xuxa.com.br/caras1.htm), from Marcelo Camacho's article in the Internet *Veja* Magazine "O Mais Novo Xou da Xuxa" (December 17, 1997), from Amelia Simpson's book *Xuxa—The Mega-Marketing of Gender, Race, and Modernity* (Philadelphia: Temple Universtiy Press, 1994), and from the Internet edition of *O Globo* from December 12, 29, and 30, 1997. Much of the information about Fernando Collor and Daniela Perez (lesson 15) came from Reuters, *Newsday, Time* found in the e-library service (www.eli-brary.com) and from *New Yorker* (August 16, 1993, pp. 44-50).

Certain colleagues in the United States examined the manuscript and made many useful comments. Irene Wherritt of the University of Iowa critiqued virtually the whole book. Margo Milleret (then of the University of Tennessee) also critiqued several lessons. Bobby Chamberlain (University of Pittsburgh) made many useful suggestions throughout the book. We are also grateful for the comments of Dr. José Francisco da Silva and Dr. Nydia Paiva da Silva. We thank Andrea Smith, Luiz Mendes, and Drs. Theodore Young, and Tom Bente, for additional suggestions for improving the book. None of these is responsible for lingering infelicities in our book. Special thanks go to Lori Madden who is responsible for the information found in the **Candomblé** reading (Lição 19).

Hal Barnell is the artist who illustrated the **Vozes brasileiras,** and everything else inside the book. Hal is unquestionably the best language textbook illustrator in the business. His drawings will give a new dimension to pre-reading exercises. The new cover was done by Jack Davis, the genius cartoonist. This was his first textbook cover.

To Clara Antônia Prado of the Rede Globo we give particular thanks for the photographs and information she provided about Brazilian soap operas. We also thank Russ Adams, the dean of tennis photographers in the United Sates, for his photograph of Gustavo Kuerten. Information about Guga Kuerten came from Peter Castle's article in *Brazzil Magazine* and from Guga's website. David Plotkin of Corbis.com was very helpful with certain of the photographs.

Clockwise, from top left:

Can you see the home base of the Pão de Açúcar bondinho?

Fog engulfs the Cristo Redentor.

Turning to the right from where the first picture was made, you can see Corcovado.

A different vantage point nearby reveals a nice view of Botafogo Beach.

Top row: On the rua Barão de Itapetininga in São Paulo, motorcyclists line up, waiting for the green light
From Corcovado in Rio, looking towards Pão de Açúcar

Center row: Lunch hour on the Largo de São Francisco (SP)
In the Praça de República (SP), looking at the Edicífio Itália
Ipanema Beach in Rio on a grey day. Look at the people swimming!

Bottom: A young cowboy at Centro de Entrenamento Eqüestre « Avalon» near Brasília

PRONOUNCING
BRAZILIAN PORTUGUESE

If you are brand new to Brazilian Portuguese, hold on to your hat! The way most words are pronounced is surprising, sometimes even startling to the North American ear. But don't worry, because once you know the basics, the same principles apply to all similar-looking words—unlike English where foreign learners have to learn *different* pronunciations for the *same* series of letters (just pronounce, for example, the five different ways OUGH is pronounced in r*ough*, tr*ough*, thr*ough*, thor*ough*, th*ough*t). If you know the basics of Spanish pronunciation, you'll notice that many words in Portuguese are spelled the same as they are in Spanish, but they are frequently unrecognizable to the ear since a few, several, many, or practically all sounds are different. Brazilian Portuguese is pronounced very clearly, it's even over-pronounced—that is, some words have more sounds than they have letters! The words listed below are in the Pronunciation Lesson at our website (www.LinguaTextLtd.com/pronunciation).

Unaccented *e* and *o* that end words are pronounced -*oo* (as in *too*) and -*ee* (as in *see*).

classe	come *eats*	amigo *friend*
nome *name*	perfume	livro *book*
sempre *always*	sobre *on*	curioso *curious*
pronome *pronoun*	falo *I speak*	novo *new*
alegre *happy*	bonito *pretty*	oito *eight*
deve *ought*	ano *year*	no *in the*
sabe *knows*		vento *wind*

The letters *t* and *d* followed by the -*ee* sound are pronounced *chee* (as in *cheese*) and *gee* (as in *gee whiz!*) respectively. This also means that *t* and *d* before the -*e* that ends a word is also pronounced that way. The first set of examples list words that begin with *di*- and *ti*-:

tia *aunt*	divertido *amusing*
tio *uncle*	ditador
típico *typical*	distância
tipo *type*	disse *I said*
tirano *tyrant*	direto *direct*
tirar fotos *take pictures*	dinheiro *money*
tive *I had*	digo *I say*
tímido *shy*	discutir *discuss*
tinha *I had*	dialeto *dialect*
titânico	dia *day*

Here are words that end in *-de* and *-te*:

adversidade	acidente *accident*
amizade *friendship*	assiste *attends*
aprende *learns*	bastante *sufficient*
bonde *streetcar*	bate-papo *conversation*
cidade *city*	boate *night club*
de *of*	chocolate
depende *it depends*	contente
grande *big*	forte *strong*
qualidade *quality*	sorte *luck*
verde *green*	trote *hazing*

There are many words where these combinations are in the middle as well: **código** *code*, **estive** *I was*, **ético** *ethical*. In a few words with *tea-* in the beginning or the middle, the *te* cluster can be pronounced "chee": **teatro** *theater*, **enteada** *step-daughter*.

When *t* and *d* end a syllable within a word, it is as if an *i* follows. Here is where Brazilian Portuguese adds a syllable to a word:

admitir *to admit*	atmósfera
adversidade	inadmissível *inadmissible*
advogado *lawyer*	ritmo *rhythm*

The Brazilian r has two pronunciations. An *r* that begins a word, and any double *r*, are pronounced like the English *h*:

realidade *reality*	ritmo *rhythm*	cahorro *dog*
recente	rosto *face*	carro *car*
rede *network*	rua *street*	correr to *run*
relativo	bairro *neighborhood*	ferramenta *tool*
respeito *respect*	borracha *rubber*	guerra *war*
rico *rich*	burro *stupid*	morro *hill*
rio *river*		ocorrer *to occur*

An *r* that precedes a consonant, and the *r* that ends a word are also pronounced this way:

aeroporto	pergunta *question*	dólar
arte	tarde *late*	dor *pain*
internacional	terminar *finish*	fazer *to do*
inverno *winter*	admitir	flor *flower*
moderno	ar *air*	lugar *place*
perceber *to see*	cor *color*	vender *to sell*
perde *loses*		viver *to live*

Most other *rs*—an *r* between vowels, or following consonants that begin the syllable are pronounced like the American *t* between vowels, such as in *get up*:

BETWEEN VOWELS	AFTER CONSONANTS THAT BEGIN THE SYLLABLE
amarelo *yellow*	atrás *behind*
barato *cheap*	discreto *discreet*
cara *face*	fotográfico
direito	grande *big*
geral *general*	pedra *stone*
laranja *orange*	praia *beach*
mistura *mixture*	prata *silver*
número *number*	quadra *block*
parece *it seems*	setembro *September*
severo	sobre *on*

You don't need to worry about most *l*s, but a final -*l*- or an -*l*- before a consonant are pronounced like a *w* or like the *oo* of *soon*.

Brasil	fácil *easy*	caldo *broth*
Portugal	difícil *difficult*	alface *lettuce*
Natal *Christmas*	incrível *incredible*	alguém *someone*
qual *which*	alto *tall*	especialmente *especially*
real *Brazilian currency*	falta *lack*	filme *film*
útil *useful*	lealdade *loyalty*	bolsa *purse*
sal *salt*		talvez *perhaps*

It stands to reason that in the combination -*ul* + *consonant*, the *l* will be eaten by the preceding *u*:

desculpa *excuse*	azul *blue*
cultivo *cultivation*	resultado *result*
faculdade *college*	último *last in a series*
dificuldade *difficulty*	cultura

A few more words about consonants. *Lh* is pronounced like the *li* of *battalion*, and *nh* is pronounced like the *ni* of *onion*:

milho *corn*	trabalho *work*	dinheiro *money*
mulher *woman*	velho *old*	espanhol *Spanish*
olho *eye*	vermelho *red*	farinha *flour*
orelha *ear*	conhecer *to know*	ganhar *to earn*
palha *straw*	cozinha *cooking*	junho *June*
pilha *battery*	cunhado *brother-in-law*	linha *line*
semelhante *similar*		minha *my*

A ç (*c com cedilha*—the cedilla is that little hook under the letter) is always pronounced like -*ss*-:

almoço *lunch*	começo *beginning*
avançado *advanced*	confiança *confidence*
bagunça *disorder*	moça *young woman*
cabeça *head*	praça *town square*
caçador *hunter*	segurança *security*

Between vowels, an -*s*- is always pronounced as English *z*:

blusa *blouse*	positivo
casa *house*	presidente
formoso *beautiful*	rosa *rose*
gasolina	uso *use*

But a double *s* between vowels is like the English *s* of *hiss*:

agressivo	interessante
congresso	passado *past*
depressa *fast*	pessoa *person*
impossível	sessenta *sixty*

The Portuguese *x* has four different pronunciations. The most common pronunciation is like the English *sh*. All initial *x*s are pronounced this way, and most other ones are, too:

xampu *shampoo*	xerife *sheriff*
xadrez *chess*	deixa *allows*
xeque-mate *checkmate*	embaixada *embassy*

In words beginning with *ex-* + *a vowel*), the *x* is prounced like the *z* of *zero*:

executivo	exótico
exemplo	exagerar
exame	exato

In a few words. the *x* is pronounced like the *x* of *fax*:

fixar *to specify*	táxi
anexo	tóxico

In a very few words, it is pronounced like the Portuguese -*ss*-:

próximo *next*	trouxe *I brought*
excelente	máximo

In English, all vowels are produced only through your mouth, but in Portuguese there are both oral and nasal vowels. Oral vowels are like those in English, and a nasal vowel is produced with both your nose and mouth open. (In English there are three nasal consonants: *m*, *n*, and the *-ng* sound of *sing*, so if you were wondering if you could produce a nasal sound, you can.) The five basic vowels in Portuguese *i* (like the *ee* of *seen*), *e* (like the *a* of *sale*), a (*father*), o (*sole*), u (*food*) are nasalized when an *m* or an *n* that ends a syllable follows:

abandono *neglect*	impossível
andar *to walk*	limpo *clean*
antes *before*	ruim *bad*
antigo *former*	sim *yes*
banco *bank*	simpático
branco *white*	vinte *twenty*
cambiar *to change*	bom *good*
cansado *tired*	bonde *streetcar*
enquanto *while*	com *with*
importante	combate
laranja orange	combustível *fuel*
mandar *to send*	complicado
samba	compositor *composer*
apartamento	conflito *struggle*
bem *well*	conjunto *group*
cem *one hundred*	marrom *brown*
discagem *dialing*	montanha *mountain*
emprego *job*	ontem *yesterday*
exemplo *example*	som *sound*
homem *man*	algum *some*
jovem *young*	assunto *theme*
membro *member*	bagunça *disorder*
também *also*	conjunto *group*
tem *has*	funcionar *to work*
trem *train*	incomum *uncommon*
viagem *trip*	mundo *world*
ainda *still*	nunca *never*
amendoim *peanut*	pergunta *question*
assim *thus*	presunto *prosciuto*
brinquedo *toy*	profundo *deep*
cinco *five*	renunciar *to resign*
fim *end*	um *a*
grande *big*	

A couple of strange features about final *-m* is that the *m* itself isn't pronounced—it just shows that the preceding vowel is nasalized. With final *-em*, the *-m* itself isn't pronounced (only the nasalized vowel is), but the vowel is pronounced as a diphthong, that is, Portuguese *trem* is pronounced like English *tray*, but with a nasalized vowel ending.

There are also four nasalized diphthongs. A diphthong is two vowel sounds in the same syllable (one of those sounds always being *w* or *y*). Two of these diphthongs are very common, one is not too frequent, and the fourth one is seen in only one word. The examples below show the common -*ão* and -*õe* diphthongs in their typical use—the singular and plural forms of some words you can easily figure out:

aspiração	aspirações	fundação	fundações
autorização	autorizações	intenção	intenções
canção	canções	invenção	invenções
condição	condições	reação	reações
direção	direções	situação	situações
distinção	distinções	transação	transações

There is a second spelling for the diphthong pronounced -*ão*: An -*am* at the end of a word is also pronounced this way. It is a part of verb endings corresponding to *you (plural)* and *they*.

beberam *they drank*   entraram *they came in*
chegavam *they were arriving*   falavam *they were speaking*
comeram *they ate*   fizeram *they made*
eram *they were*   vinham *they were coming*

There are very few examples of the third nasal diphthong, -*ãe*: *capitães* captains, *pães* loaves, for example. Of the fourth nasal diphthong there is only one example, but you'll use it a thousand times a day: *muito* (pronounced *muinto*), meaning 'very'.

Finally, you need to know where words are stressed in Portuguese. If there is an accent mark above a vowel, that's where it is stressed. Notice that Brazilian Portuguese overwhelmingly uses the circumflex (ˆ) before a nasal consonant (*m* or *n*)

náutico *nautical*   alfândega *customs office*
ninguém *nobody*   colônia
saída *exit*   condição
vitória *victory*   instalações
açúcar *sugar*

In the few cases where there is both a tilde and another accent mark, the other accent mark takes precedent: *órfão, órgão*.

When there is no accent mark on the word, if it ends in a -*i*- or -*u*- preceded by a consonant, those vowels are stressed:

abacaxi *pineapple*   guri *youngest child*
ali *there*   peru *turkey*
aqui *here*   tatu *armadillo*
comi *I ate*   xampu

Words that end in any other vowel, if there's no accent mark elsewhere, are stressed on the next-to-last vowel, even where there are two vowels next to each other:

alegoria *allegory*
alegria *joy*
apogeu *peak*
boa *good*
come *he eats*
categoria
companhia
dia *day*
diria *I'd say*
economia

europeu *European*
fala *she speaks*
fresco *cool*
frio *cold*
hoje *today*
inteligente
navio *ship*
pneu *tire*
regra *rule*
reservado

rio *river*
rua *street*
sabe *he knows*
sua *his*
suco *juice*
torre *tower*
turma *group*
valeu OK
vazio *empty*
viu *she saw*

Because nouns and ajectives show their plural forms with an *-s-* with no accent shift, and because verbs show their plural forms with a final *-m*, also with no shift in accent, the rule has been expanded to include words that end in those same vowels + *-s* or *-m*:

categorias
boas *good*
comem *they eat*
europeus *European*

falam *they speak*
navios *ships*
sabem *they know*

turmas *groups*
torres *towers*
inteligentes
regras *rules*

Words ending in any other consonant (and really very few other consonants end Portuguese words) are stressed on the last vowel, unless there is an accent mark elsewhere:

abrir *to open*
arroz *rice*
atriz *actress*
calor *heat*
chover *to rain*

cobrador *ticket taker*
colar *necklace*
favor
juiz *judge*
nariz *nose*

rapaz *boy*
real
residencial
semanal *weekly*
xadrez *chess*

There are other bits and pieces which you will pick up, and plenty of exercises in the language lab program for pronunciation, but with this, you should be well on your way.

INTRODUCTION FOR STUDENTS
OR SPEAKERS OF SPANISH

THERE ARE CERTAIN RULES that allow you to transform Spanish words into Portuguese words with pretty good success, altering certain vowels or changing or deleting certain consonants.

If there are no particularly distinguishing features about the Spanish words to be aware of—and we'll say what these distinguishing features are below—, all you need to is pronounce the Spanish word using the pronunciation rules in the previous section. Here are some words that mean the same thing and are spelled the same way as their Spanish counterparts—only the pronunciation is different:

admitir	casado	este	medida
adquirir	chocolate	estilo	mentir
alto	comercial	explorar	mesa
altura	conjunto	extremo	mil
arroz	continuar	fácil	mundial
arte	culto	famoso	natural
azul	cultura	federal	rapidamente
banco	curioso	frente	real
Brasil	dia	guerra	ritmo
caldo	difícil	horrendo	teatro
camisa	discutir	hotel	tomate
carro	dividido	mar	verde

In Spanish, *ue* and *ie* are the stressed vowels which correspond to *o* and *e* (look at pairs such as *dormir–duerme, perder–pierde*). When you see a Spanish word with *ue* or *ie*, it's a sure bet that if you change the vowel to *o* or *e* respectively, all other things being equal, you'll be able to predict the Portuguese word:

SPANISH *ue*	PORTUGUESE *o*	SPANISH *ie*	PORTUGUESE *e*
aeropuerto	aeroporto	abierto	aberto
compuesto	composto	ciego	cego
cuenta	conta	diente	dente
cuerda	corda	fiebre	febre
cuerpo	corpo	miedo	medo
cuesta	costa	nieta	neta
muerte	morte	siendo	sendo
puerta	porta	siete	sete
rueda	roda	tiempo	tempo
suegra	sogra	viento	vento

The next change deals with final -*n* in Spanish, which becomes final -*m* in Portuguese, as the examples just above show. The final -*m* in Portuguese is never pronounced—it just nasalizes the preceding vowel. Rules for accent mark placement explain any deviance here and elsewhere.

SPANISH -*n*	PORTUGUESE -*m*	SPANISH -*n*	PORTUGUESE -*m*
algún	algum	joven	jovem
bien	bem	orden	ordem
cien	cem	origen	origem
comen	comem	quien	quem
común	comum	recién	recém
con	com	también	também
en	em	tren	trem
fin	fim		

Somewhat related to the final -*m* in Portuguese is the masculine Spanish suffix -*aje* which is the feminine suffix - *agem* in Portuguese:

SPANISH -*aje*-	PORTUGUESE -*agem*	SPANISH -*aje*-	PORTUGUESE -*agem*
garaje	garagem	pasaje	passagem
hospedaje	hospedagem	personaje	personagem
mensaje	mensagem	porcentaje	porcentagem
paisaje	paisagem	viaje	viagem

The -*ss*- of *passagem* will be dealt with below.

The Spanish -*dad*- suffix is -*dade* in Portuguese:

SPANISH -*dad*	PORTUGUESE -*dade*	SPANISH -*dad*	PORTUGUESE -*dade*
actividad	atividade	felicidad	felicidade
adversidad	adversidade	oportunidad	oportunidade
capacidad	capacidade	realidad	realidade
comunidad	comunidade	sociedad	sociedade
realidad	realidade	unidad	unidade
diversidad	diversidade	verdad	verdade
especialidad	especialidade		

Some Spanish words ending in -*tad* correspond to Portuguese words ending in -*tade*:

SPANISH -*tad*-	PORTUGUESE -*tade*
mitad	metade
tempestad	tempestade
voluntad	vontade

We'll explain about *vontade* later, but we can't explain why the first vowel is different in *mitad–metade*. Other Portuguese words change the Spanish *-tad to -dade*. Here are two notable pairs: *dificultad–dificuldade, facultad–faculdade*.

A very common correspondence is the Spanish *-(c)ión* and Portuguese *-(ç)ão*:

SPANISH *-(ci)ón*	PORTUGUESE *-(ç)ão*	SPANISH *-(ci)ón*	PORTUGUESE *-(ç)ão*
ambición	ambição	distinción	distinção
avión	avião	diversión	diversão
balcón	balcão	intención	intenção
camarón	camarão	condición	condição
canción	canção	estación	estação
civilización	civilização	ladrón	ladrão
convención	convenção	educación	educação

The Spanish *j* is represented by the Portuguese *lh* or *ix*. If you have to make a choice, go for *lh*, since it's the most common solution.

SPANISH *-j*	PORTUGUESE *-lh*	SPANISH *-j*	PORTUGUESE *-ix*
aconsejar	aconselhar	bajar	baixar
consejos	conselhos	bajo	baixo
escoger	escolher	caja	caixa
mejor	melhor	dejar	deixar
mujer	mulher	embajada	embaixada
ojo	olho	quejar	queixar
paja	palha		
trabajo	trabalho		
viejo	velho		

Spanish spelling rules dictate a *g* in *escoger* instead of a *j*.

Here are other miscellaneous correspondences:

SPANISH *ll*	PORTUGUESE *ch*	SPANISH *z*	PORTUGUESE *ç*
llegar	chegar	azúcar	açúcar
hallar	achar	brazo	braço
llover	chover	cabeza	cabeça
llave	chave	cazador	caçador
llamar	chamar	corazón	coração
lleno	cheio	esfuerzo	esforço
		marzo	março
		mozo	moço
		pedazo	pedaço

We'll explain where the *i* in *cheio* came from below.

SPANISH *-ñ*	PORTUGUESE *-nh*	SPANISH *-ct*	PORTUGUESE *t*
acompañar	acompanhar	actitud	atitude
Alemania	Alemanha	actividad	atividade
baño	banho	actor	ator
castaño	castanho	actriz	atriz
compañía	companhia	actual	atual
cuñada	cunhada	arquitectura	arquitetura
español	espanhol	carácter	caráter
montaña	montanha	contacto	contato
sueño	sonho	dictador	ditador
		director	diretor

A lot of times, a Spanish single *s* between vowels is represented by a double *s* in Portuguese. We're afraid you have to know Latin to predict when this will happen, but here are some examples:

SPANISH *-s-*	PORTUGUESE *-ss-*	SPANISH *-s-*	PORTUGUESE *-ss-*
asado	assado	clasificado	classificado
asalto	assalto	congreso	congresso
asistencia	assistência	pasado	passado
asistir	assistir	presa	pressa
carísimo	caríssimo	sesenta	sessenta

A lot of times, Spanish *pl, cl, bl, gl* become Portuguese *pr, cr, br, gr*:

SPANISH *-l*	PORTUGUESE *-r-*	SPANISH *-l*	PORTUGUESE *-r*
blanco	branco	plata	prata
cumplir	cumprir	plato	prato
esclavo	esclavo	playa	praia
flaco	fraco	plaza	praça
placer	prazer	regla	regra

There are miscellaneous *l*s that become *r*s as well: *almacén – armazém*.

Here are some really unusual changes. They don't affect every case, since some words were brought directly from Latin dictionaries and didn't develop normally. Many times Spanish *l* and *n* between vowels fall in Portuguese and the surrounding vowels merge. Why this happened is mysterious, but here are some examples. Notice that when an *n* falls after *e* the disagreeable result *-eo-* was lessened by adding an *i*:

SPANISH -l-	PORTUGUESE Ø		SPANISH -n-	PORTUGUESE Ø
cielo	céu		arena	areia
color	cor		cadena	cadeia
doler	doer		cena	ceia
dolor	dor		conejo	coelho
volar	voar		coronado	coroado
			generación	geração
			lleno	cheio
			tener	ter
			voluntad	vontade

In *vontade*, Portugese simplified what would have been *ou* into just *o*. A Portuguese word that at first seemingly bears little relation to the Spanish one is Sp. *caliente*–Port. *quente*. But when the *l* dropped and the *ie* simplified to *e*, the form—that really existed in medieval Portuguese—*caente* was created, then the language simplified *ae* to *e* and changed the spelling at the beginning to preserve the original sound, and out popped *quente*.

Finally, Spanish *cua-* is always *qua-* in Portuguese:

SPANISH -cua	PORTUGUESE qua-
cuál	qual
cualquier	qualquer
cuándo	quando
cuánto	quanto
cuatro	quatro

Here is a word of advice and warning. If you need a Portuguese word that you don't know, you can apply these rules and observations, and you'll be right a lot of the time. But sometimes it just doesn't work since many Portuguese words are different from their Spanish counterparts, for all kinds of reasons. Here are some common examples:

SPANISH	PORTUGUESE		SPANISH	PORTUGUESE
aduana	alfândega		guitarra	violão
ayer	ontem		mejilla	bochecha
cacahuete	amendoim		olvidar	esquecer
calvo	careca		perro	cachorro
cenar	jantar		piña	abacaxi
cerrar	fechar		propina	gorjeta
cuchillo	faca		tranvía	bonde
después	após			
frijoles	feijão			

Brasil!
Língua e
Cultura

1. O QUE É ISTO?

A. O que é isto? É um livro.

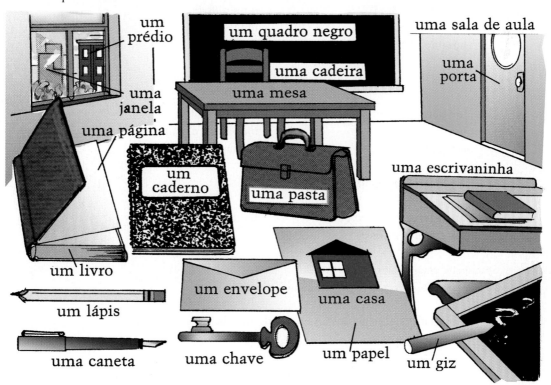

O **que?** means *what?* It asks what something is. It has a longer, quite common, variant **o que é que** *what is it that? = what?*. It also has a shorter, less commonly used form, **que**:

$$\left.\begin{array}{r} \text{O que} \\ \text{O que é que} \\ \text{Que} \end{array}\right\} \quad \text{é isto? What is this?}$$

Na Universidade Federal do Rio de janeiro.
Acima: A biblioteca da Universidade Estadual de Campinas (UNICAMP).

B. In Portuguese, nouns (persons, places, things) are *masculine* or *feminine*. Except for words such as **homem** *man* and **mulher** *woman*, genders of nouns are arbitrary. There is nothing particularly feminine about **caneta** *pen* nor is there anything especially masculine about **lápis** *pencil*, yet the first is always feminine and the second is always masculine.

Um is a ***masculine indefinite article***, and **uma** is a ***feminine indefinite article***; they both mean either *a* or *an*, and are used to ***identify*** what something is. If you see a certain peculiar Brazilian animal that you don't recognize, you might ask: "O que é isto?" *What's this?* and the answer would identify it for you: "É um tatu!" *It's an armadillo!*

C. *O gênero do substantivo.*

It is easy to predict the gender of most nouns since their ending frequently tells you what the gender is. Nouns that end in a *consonant* + **–o** are overwhelmingly masculine:

um carro *a car*	um resultado *a result*
um gesto *a gesture*	um fato *a fact*
um título *a title*	um palácio *a palace*

Nouns that end in **–u** , **–l**, **–r**, or **–z** are also mostly masculine:

um peru *a turkey*	um professor
um hotel	um senhor *a man*
um mar *a sea*	um rapaz *a boy*

Nouns ending in **–ume** are masculine.

um legume *a vegetable*	um lume *a light*
um costume *a custom*	

In Spanish, the counterpart of nouns that end in -ume- is -umbre, and all are *feminine*: **la legumbre, la costumbre, la lumbre.**

Nouns that end in an unstressed **–a** are overwhelmingly feminine:[1]

uma casa	uma janela
uma mesa	uma moça *a young woman*
uma flauta *a flute*	uma porta
uma toalha *a towel*	uma página

---

[1] Most nouns that end in an accented **–á** are masculine: **chá** *tea*, **sofá**, **Canadá**, **Panamá**, **vatapá** *a Brazilian food*.

A few words ending in **–a** that have entered Portuguese from Greek and other languages are *masculine*: **um mapa** *a map*, **um telefonema** *a phone call*, **um cinema** *a movie-house*, **um planeta** *a planet*, **um programa** *a program*.

Nouns that end in **–dade** (English *–ty*) are also feminine:

liberdade	futilidade
identidade	sociedade

Nouns ending in **–ção** (English *–tion*) are predominantly feminine:

ação	iniciação
invenção	atenção

Coração *heart* is masculine, and a number of words that end in just **–ão** are also masculine: **caminhão** *truck*, **avião** *airplane*, **pão** *bread*.

Virtually every noun that ends in **–agem** is feminine, too.

uma viagem *a trip*	uma passagem *a passage*
uma paisagem *a landscape*	

In Spanish, the corresponding words end in **-aje** and all are *masculine*.

Nouns ending in **–ista** (English = *–ist*) can be either feminine or masculine because *dentists* and *optometrists* can be either female or male:

um, uma dentista	um, uma tenista *a tennis player*
um, uma especialista	um, uma jornalista *a reporter*
um, uma artista	

PRÁTICA ORAL

Exercício. Identify genders of these words:

uma 1. origem	uma 8. diretora	uma 15. homenagem
uma 2. palavra	um 9. bagagem	um 16. senador
um 3. céu	uma 10. fraternidade	um 17. municipalidade
uma 4. admiração	um 11. painel	um 18. general
um 5. carpinteiro	uma 12. observação	um 19. princesa
um 6. honestidade	um 13. tormento	um 20. cantora
um 7. barril	um 14. problema	

NOTAS CULTURAIS

Na biblioteca da UNICAMP.

A universidade brasileira

Brazil has almost one-hundred-seventy-five federal, state, and private universities.[2] The total number of students in higher education in a recent census was about 1,375,900 (or almost 1% of the population). The student to teacher ratio in Brazil is 9.33 to 1, which is very good. In comparison, the United States has over 12,000,000 enrolled in almost 3,300 colleges and universities, just over 5% of the population, and the student to teacher ratio is 17.1 to 1.

There are thirty-three Brazilian federal universities (**universidades federais**), seventeen state universities (**universidades estaduais**), 13 Catholic universities (most of them are called **Pontifícias Universidades Católicas**, abbreviated PUC[3] and pronounced "púqui")—there are even a couple of Methodist and Lutheran universities—several private universities, and one city-run university.

Whereas colleges and universities in the United States are well established (Harvard was founded in 1624), the first formal Brazilian university was not founded until 1883, in Pelotas (at the extreme south of the country). Colonial Brazilians who wanted a university education would usually go to Coimbra in Portugal.[4] The Universidade Federal do Rio de Janeiro[5] was not established until 1920. From 1883 until 1948 only eleven other universities were initiated in Brazil.

In the 50's, 60's, and 70's the Brazilian commitment to higher education took a quantum leap as fifty-two more universities were founded throughout Brazil, even in the most remote states and the poorest areas. The largest universities are the Universidade Federal do Rio de Janeiro and the Universidade de São Paulo (abbreviated USP and pronounced "úspi").[6] The Universidade Federal de Ouro Preto is the smallest federal university, with only 1,100 students.[7] There is at least one federal university in virtually every

---

[2] A few directories which can lead you to university websites in Brazil are: http://www.mcb.ucdavis.edu/info/candu/br.html, http://200.239.90/eduuniv.htm, and http://www.ufrj.br/nossauniversidade/universidades/home.html.

[3] The PUC in Rio's website is http://www.puc–rio.br. For PUC in São Paulo it is http://www.pucsp.br, for PUC in Rio Grande do Sul, it is http://www.pucrs.br. PUC in Campinas is http://www.puccamp.br. The one in Rio has an established program for foreign students which you can find on their website.

[4] There were a few faculdades colleges of law and medicine in Brazil before the university at Pelotas opened.

[5] The website for this university is http://www.ufrj.br.

[6] Its website is http://www.usp.br.

[7] Its website is http://www.ufop.br/.

Brazilian state and in Brasília.

    The school year, **o ano escolar**, in Brazil is quite different from that in the Northern Hemisphere since the Southern Hemisphere seasons are opposite of those of the North. The first semester begins in March and goes through June, then there is a "winter break" in July (although Brazil really has no cold winter weather as is known elsewhere). The second semester begins in August and goes through December, after which there is a two month summer break.

    What we call the undergraduate level is the Brazilian **graduação** level, because this is the level where students graduate. Our graduate school is the Brazilian **pós-graduação** level (= *after-graduation*). It all makes sense, but some getting used to is required on both sides.

PRÁTICA ORAL

Exercício. Your instructor may want to ask you some *true/false* (**certo/errado**) ques tions about this reading in Portuguese! It's doubtful you can understand all the words of the questions, but you might be able to answer having understood the essence of them.

C. *O gênero do substantivo, continuação*

    Nouns that end in an **–e** have to be learned. Some of them are masculine and some are feminine.

Masculine	*Feminine*
nome *name*	chave *key*
norte *north*	alface *lettuce*
tapete *carpet*	tarde *afternoon*
acidente *accident*	frase *phrase*
pé *foot*	frente *front*

If two words are similar or look alike in Portuguese and Spanish and have the same meaning, the two languages usually show the same gender for the same word, with notable common exceptions:

Portuguese	*Spanish*
árvore *tree* (fem.)	árbol (masc.)
cor *color* (fem.)	color (masc.)
dor *pain* (fem.)	dolor (masc.)
leite *milk* (masc.)	leche (fem.)
nariz *nose* (masc.)	nariz (fem.)
sal *salt* (masc.)	sal (fem.)
sangue *blood* (masc.)	sangre (fem.)

PRÁTICA ORAL

Exercício. Identify the following cognates according to the given categories.

Categorias:
um esporte *sport*
um animal
um lugar *place*
uma pessoa *person*
um veículo

MODELO: O futebol é um *esporte*

1. pizzaria
2. automóvel
3. elefante
4. motocicleta
5. presidente
6. vôlei *volleyball*
7. futebolista
8. trem
9. tigre
10. museu
11. pelicano
12. parque
13. médico
14. tênis
15. jornalista

NOTAS CULTURAIS

O vestibular e o «cursinho»

Brazilian universities are not yet available to all bright young people because usually there are fewer openings (**vagas**) than there are interested students. As a result, students must take a rigorous entrance exam, called **vestibular**, in order to be considered for admission to any university.[8]

To do well on the **vestibular**, after leaving **colegial** (high school), university hopefuls usually must enroll in a **cursinho**[9] (the diminutive form of **curso** *course*, and which means "little course," but it is in fact a difficult and long process) from six months to a year in order to prepare them for this test. The **cursinho** is given in private institutes and reviews the entire high school curriculum intensively. Students enroll in the **cursinho** in their senior year in high school, or even earlier.

The **vestibular** has several sections and takes four days to complete. Depending on the **faculdade** *college* or **instituto** to which you have applied, some sections of your **vestibular** will be weighted more than others; thus, if you are interested in majoring in math, that test will be worth more than, say, the history test. In some cases, a university might be able to accept you as a major in one of your secondary interests, but not in your first choice.

It could also be that your **vestibular** scores are not good enough to get you into a prestigious university in your field, but might be good enough for you to keep your chosen major in a less-prestigious one. In a recent typical year there were 170,000 applicants at USP, and

---

[8] There is one form of the **vestibular** for the state and federal universities, but the private institutions, such as the Catholic universities, have their own form. It covers the high school curriculum: Math, Physics, Biology, Portuguese Language and Literature, History, Geography, and English. There is also a new exam for high school students called **Exame Nacional do Ensino Médio** *National Secondary Education Examination* (ENEM) which counts as a **vestibular.**

[9] The "official" name of the **cursinho** is **curso pré-vestibular.**

only one in nine could be admitted. Obviously most people had to go elsewhere.

Medicine always is the hardest area to enter into. There are always scores of students trying for each **vaga**.

PRÁTICA ORAL

Exercício. Complete the sentences below.

1. As universidades brasileiras têm *have* menos *fewer* _____ que candidatos
2. Em geral, os candidatos têm que *have to* passar numa prova de admissão rigoroso chamado *called* _____.
3. Os candidatos à admissão a uma universidade necessitam um _____ para passar no vestibular.
4. A História, a Física, a Química *Chemistry*, a Matemática, a Geografia, o Inglês e o Português são *are* partes do _____.
5. É difícil *difficult* entrar numa universidade prestigiosa, por exemplo na _____.

D. If a noun ends in an oral vowel (**–o, –a, –e**, or the less common **–i, –u**) the plural is easy: just add an **–s**. The plurals of the indefinite articles are **uns** and **umas** (they mean *some*):

um livro – uns livros	a book, some books
um caderno – uns cadernos	a notebook, some notebooks
um prédio – uns prédios	a building, some buildings
uma casa – umas casas	a house, some houses
uma janela – umas janelas	a window, some windows
uma página – umas páginas	a page, some pages
um envelope – uns envelopes	an envelope, some envelopes
uma chave – umas chaves	a key, some keys
um nome – uns nomes	a name, some names

São **umas** chaves.
    They're *some* keys.
São **uns** envelopes.
    They're *some* envelopes.

PRÁTICA ORAL

Exercício A. Give the proper indefinite article.

1. cadeiras
2. tarde *afternoon*
3. hotel
4. professoras
5. sociedade
6. horários
7. programa
8. quadro
9. universidades
10. viagem
11. problemas
12. frases
13. profissão
14. carros

LEITURINHA

O Brasil

O Brasil é uma nação enorme. A língua oficial é o português e a capital é Brasília. Construída em 1960 [mil novecentos e sessenta], Brasília é muito moderna. As cidades mais importantes são Rio de Janeiro, São Paulo,[a] Porto Alegre, Salvador (Bahia), Recife e Belo Horizonte. A origem dos[b] brasileiros é muito diferenciada: européia, africana, indígena ou oriental.

NOTES
[a] The word **são** *are* and the first word in **São Paulo** meaning *saint* just happen to share the same letters and pronunciation— they aren't related in any way.
[b] **Dos** is a contraction of **de + os** (the definite article *the*). The definite article is treated in Section 2.

brasileiros Brazilians	**língua** language
cidades cities	**mais** most
construída built	**muito** very
diferenciada varied	**são** are, saint
leiturinha little reading	

PRÁTICA ORAL

Exercício. Your instructor may ask **certo/errado** *true/false* questions about this reading.

2. É UM LIVRO; É O LIVRO DE PORTUGUÊS

Dois alunos da Universidade Federal do Rio de Janeiro.

O que é isto? É **um** livro; é **o** livro **de** português.
O que é isto? É **um** caderno; é **o** caderno **de** David.
O que é isto? É **um** lápis; é **o** lápis **do** professor.
O que é isto? É **uma** chave; é **a** chave **do** estudante.
O que é isto? É **uma** caneta; é **a** caneta **da** moça.
O que é isto? É **uma** escrivaninha; é **a** escrivaninha **do** aluno.

O is the *masculine definite article*, and a is the *feminine definite article*; both mean *the*. Their plural forms just add an –s, and still mean *the*: os, as. They are used to *specify* what something is: "O que é isto? É o livro **de** português." *What is this? It's* **the** *Portuguese book.* Much of the time, you'll see a *definite article + a noun* before a "**de**-clause." The reason for using the definite article is that the "**de**-clause" *specifies* the noun: "It's **the** Portuguese book" (and *not* the French book).

Notice that **de** contracts with **o** and **a** to make **do** and **da** *of the*. (**De** optionally contracts with **um** and **uma**: **dum, duma** *of a*.)

When any noun is used in a GENERAL sense, the *definite* article is always used in Portuguese (and *never* used in English) as the examples below show.

A liberdade é muito importante.
Freedom is very important.
O ouro é um metal precioso.
Gold is a precious metal.

A linguagem é comum a todo mundo.
Language is common to all people.
A água congela a 0° C.
Water freezes at 0° Celsius.

PRÁTICA ORAL

Exercício. Can you tell from these phrases left behind on the blackboard what goes on in these classes? Use the list of courses below as a guide.

MODELO: «Cogito ergo sum» / É da (*from the*) aula de filosofia.

Aulas:

alemão *German*	geometria
antropologia	história
astronomia	inglês
biologia	literatura brasileira
física	literatura inglesa
fonética	matemática
francês	música
geografia	psicologia
geologia	química

1. Je ne parle pas anglais.
2. H_2SO_4
3. Calcule a área deste pentágono.
4. George Washington, líder da Revolução Americana.
5. Olhem pelos *look through* microscópios e desenhem as bactérias.
6. Auf Wiedersehen.
7. 4/4; 3/4; 6/8; dó, ré, mi
8. Lisboa é a capital de Portugal.
9. Jorge Amado é um romancista *novelist* brasileiro de fama internacional.
10. $x^3 + y = 59$
11. Evolução: a teoria de Darwin.
12. "Puxa vida! Pobre Yorick—Eu o conhecia, Horácio!"
13. A constelação «Cruzeiro do Sul»[10] não é visível no Hemisfério Norte.

---

[10] The Southern Cross is a constellation visible only in the Southern Hemisphere.

VOZES BRASILEIRAS

"Brazilian Voices" is a section that you will see many times in this book. They all derive from interviews with Brazilian college-age students and are all examples of real, informal, spoken Brazilian Portuguese. "A gente" below literally means "the people" but colloquially it means "we," as it does here, and sometimes even "I."

A preparação para o vestibular

A faculdade[a] no[b] Brasil é uma coisa muito elitista. É difícil fazer a faculdade no Brasil. Por dois motivos,[c] primeiro, ela é cara. Além da dificuldade financeira, a gente tem o vestibular. O vestibular é uma «provinha»—não, é uma prova grande! Tem um curso que se chama «cursinho» que prepara a gente para o vestibular—não para a *faculdade*—para o *vestibular*.

NOTES
[a] **Faculdade** means *college* in the sense of our *"College of Agriculture,"* but here it clearly means "college" in general.
[b] **No** is a contraction of **em + o**, whose usual meaning is *in the*. Here, since "Brazil" in Portuguese is always preceded by the definite article, it just means *in*. Other variants are **na, nos, nas**.
[c] **Por dois motivos** *for two reasons*

além de besides	**fazer** to do	**primeiro** first
cara expensive	**financeira** financial	**prova** test
chama, se is called	**grande** big	**provinha** little test
difícil difficult	**para** for	**que** which, that
ela it		**tem** has, there is

PRÁTICA ORAL

Exercício. The sentences below are incorrect. Please correct them.

1. A faculdade no Brasil é democrática.
2. É fácil fazer a faculdade no Brasil.
3. No Brasil a faculdade não é cara.
4. O vestibular é uma prova insignificante.
5. O «cursinho» prepara os estudantes para o doutorado [*Ph.D.*].

3. USO DA PREPOSIÇÃO DE: POSSE OU ORIGEM

A. The preposition **de** is used for *possession* or *origin* (either one's *place of birth* or the *material origin* of something, that is, what it's made of).

Elis é **do** Brasil.[11]
   Elis is *from* Brazil.

A mesa é **de** madeira.
   The table is *made of* wood.

---

[11] Since *Brazil* is always **o** Brasil in Portuguese, as you know, the contraction **do** is naturally used.

Carlos Gomes[12] é **de** Campinas.
Carlos Gomes is *from* Campinas.
O diamante é **de** Minas Gerais.
The diamond is *from* Minas Gerais.

O jarro é **de** plástico.
The pitcher is *made of* plastic.
A panela é **de** alumínio.
The pot is *made of* aluminum.

B. There are some easy rules that tell when to use and when *not* to use a definite article after **de**. Use **de** alone, without an article, when it is followed by the name of a city, state, person,[13] the name of a class, or the name of what something is made of:

Áurea é **de Brasília**
Aurea is *from Brasília*.
É o livro **de Geologia**.
It's the Geology book.

The names of some Brazilian cities have meanings as "regular" nouns, such as "river," "bay," and "reef," and thus are preceded by the definite article when we refer to them: "we visit *the* river (= **o Rio**)," "João is from *the* reef (**o Recife**)," and "the teacher is from *the* bay (= **a Bahia**)":

Ela é **do Rio**.
She is from Rio.

João é **do Recife**.
João is from Recife.

A professora é **da Bahia**.
The professor is from Bahia.

C. Use **de** + the definite article in all other cases, including the names of most countries except Portugal, two of its former possessions [Moçambique and Angola], Cuba, and a few others:

É a chave **do professor.**
It's the *teacher's* key.
É a porta **da sala de aula**.
It's the door *of the classroom.*
O senhor Alessandri é **da Argentina**.
Sr. Alessandri is *from Argentina.*
Jacques é **da França**.
Jacques is *from France.*
É a janela **do prédio**.
It's the window *of the building*

---

[12] Carlos Gomes (1836-1896) is the famous Brazilian operatic composer. His most famous opera is *Il Guarany*. His modern namesake is author Lathrop's friend, an incredible percussionist.

[13] The article is colloquially used preceding the first name of a person, so it is optionally used with **de** as well: É o livro **de/do** João; É a casa **de/da** Isabel.

PRÁTICA ORAL

Exercício A. Choose from the following categories:

plástico   madeira *wood*   papel   metal

De que é… (a porta, um livro, a chave, a mesa, um carro, uma caneta, uma casa, uma página, um lápis, a cadeira)?

Exercício B. Using the list below match the items with their owners or where they belong.

Modelo: É o **giz** do *professor*.

1. **pasta**   a. *sala de aula*
2. **janela**   b. *estado*
3. **táxi**   c. *livro de texto*
4. **cadeira**   d. *motorista*
5. **página**   e. *diretor*
6. **chave**   f. *porta*
7. **capital**   g. *escrivaninha*

Exercício C. Say in Portuguese:

1. João's pen   6. Senhor Santos' chair
2. The teacher's book.   7. Neusa's keys
3. A student's paper   8. Luis' notebook
4. Maria's house   9. Carmen and Nair's house
5. Milton's briefcase   10. Sônia and Paulo's exam

Exercício D. Fill in the blanks with the proper definite or indefinite article, or nothing. Be careful—you may need to make some contractions, and some blanks may not need anything!

1. Marilu é de _____ Bahia.
2. _____ curso de química é _____ aula difícil.
3. _____ professor é de _____ cidade de _____ Lisboa.
4. _____ porta de _____ sala de aula é de _____ madeira.
5. _____ senhor Alves é _____ professor de _____ literatura brasileira.
6. _____ amigos de _____ professora são de _____ São Paulo.
7. _____ pratos de _____ restaurante não são de _____ porcelana.
8. Esta *this one* é _____ chave de _____ carro de _____ médico *doctor*.
9. _____ capital de _____ Finlândia é _____ cidade muito bonita.
10. O diretor de _____ Departamento de _____ História de _____ Universidade Federal de _____ Rio _____ Janeiro é _____ professor muito distinto.

VOZES BRASILEIRAS

A seleção de cursos

A gente precisa fazer uma seleção de cursos, ver o problema de conflito de horário. Os melhores classificados[a] no vestibular como calouros têm a oportunidade de fazer[b] a seleção primeiro, têm prioridade na seleção dos cursos.

NOTES

[a] **Os melhores classificados** are *the best classified* where grades are concerned. It means "The ones with the highest grades."

[b] **De fazer** *of making* Usually **fazer** means *to make*, but after **de** *of* it means *making*. This is true of any infinitive (all of these forms end in **–r**).

Na biblioteca da USP.

calouros freshmen	**melhores** best
como as	**precisa** needs
cursos courses	**prioridade** priority
fazer to make	**têm** have
horário schedule	**ver** to see

PRÁTICA ORAL

Exercício: Your instructor will ask you some **certo/errado** questions about this **Vozes** section.

4. O VERBO SER «TO BE»

A. Ser is one of the verbs that mean *to be*. It goes with nouns, tells geographical and permanent locations, and it deals with characteristics. A ***characteristic*** can be considered a trait that you expect to last for some years. Obviously, nothing is totally permanent in the world, but if you are thin, rich, or young today, you are reasonably certain that you will still be thin, rich, or young for some time, thus **ser** is the *to be* to use. Here is the formation of **ser**:

Ser *(to be)*	
Present Tense	*Translation*
eu **sou**	I am
o senhor/a senhora/você **é**	you are
ele/ela **é**	he/she is
nós **somos**	we are
os senhores/as senhoras/vocês **são**	you (pl.) are
eles/elas **são**	they are

Ele **é** brasileiro.
  He *is* Brazilian.
Eu **sou** estudante.
  I *am* a student.
Você **é** jovem.
  You *are* young.
Belo Horizonte **é** em Minas Gerais.
  Belo Horizonte *is* in Minas Gerais.

Ela **é** rica.
  She *is* rich.
O aeroporto **é** grande
  The airport *is* big.
Nós **somos** do Rio.
  We *are* from Rio.
Elas **são** do Norte.
  They *are* from the North.

PRÁTICA ORAL

Exercício. Do you agree with the statements your instructor will read? Use **sim** for *yes* and **não** for *no*.

B. About pronouns (**eu** = *I*, **você** = *you*, etc.). There are two common ways of saying *you* in Brazilian Portuguese. **Você(s)** used to be a familiar kind of *you*, but nowadays it has become an almost universal *you*, used by everybody with almost everybody else, whether the person spoken to is a new acquaintance, a parent, the shoe shine kid, or an old friend. Even your teacher may allow you to use **você**. **O senhor** *the gentleman*, **a senhora** *the lady*, etc., are very polite ways of saying *you*, reserved for someone who is much older than you, is in some way quite distinguished, or is a stranger.

Students who know Spanish will wonder about the third way to say *you*: **tu** (in Portuguese it has no accent); **tu** is obsolete everywhere in Brazil except the extreme south (and in the state of Maranhão in the north). **Você** covers most uses of both the Spanish **tú** and **usted**.

How do you say "it" in Portuguese? Generally you use no pronoun at all; just use the third-person verb form by itself (**é** = "*it* is"): **O apartamento de Ivaldo é grande—é caro** *Ivaldo's apartment is big—it's expensive*. But if you *absolutely* require a pronoun, use **ele** (*masculine*) *it* or **ela** (*feminine*) *it*: **O apartamento de Ivaldo é grande—ele é caro**" *Ivaldo's apartment is big: it's expensive*.

Finally, these pronouns can mostly be omitted since the verb form or the context is usually clear enough to make them unnecessary.

PRÁTICA ORAL

Exercício. Substitute these subjects for pronouns. Nouns of mixed genders become masculine pronouns.

1. Teresinha
2. o Dr. Mendes e eu
3. a cidade
4. o senhor e a senhora
5. os professores
6. João e você
7. o lápis
8. Roberto e Helena

Exercício B. How would you address these people (and your dog!)?

1. your parents
2. the professor
3. a friend
4. clients
5. the president of the university
6. your dog

C. To make **ser** (or any other verb) negative, just put **não** *not* in front of it:

Não sou brasileiro.   **Não somos** do Rio.
   I am not Brazilian.   *We aren't* from Rio.
A professora **não é** daqui.   Vocês **não são** burros.
   The teacher *isn't from* here.   *You aren't* stupid.

PRÁTICA ORAL

Exercício A. Answer the questions you will hear in the positive or the negative, whichever is appropriate. **Não, não** means *no, not*, which you should use in negative answers.

    MODELO: Você é…?
                   Sim, sou…
                   Não, não sou…

Exercício B. Answer more oral questions that ask **de onde?** *where from?* and **de que?** *made of what?* There are no *yes/no* questions.

    MODELO: De onde é Pelé?
                   É de São Paulo.

VOZES BRASILEIRAS

← Anos 1-2 →   **← Anos 3-4 →**

Os primeiros dois anos da universidade

A gente tem todas as aulas juntos durante os dois primeiros anos da faculdade. É o período do básico. A gente tem matéria de cultura geral. A gente tem o curso básico de filosofia, de antropologia…, bom, esse tipo de coisa, não relacionado diretamente com uma especialidade. Depois de dois anos a gente entra na sua especialidade, em turmas menores.

anos years	**depois de** after	**juntos** together
aulas classes	**diretamente** directly	**menores** smaller
básico breadth courses;	**dois** two	**relacionado** related
basic	**durante** during	**sua** his, her, your, their
bom well!	**entra** enter(s)	**tem** have
coisa thing	**especialidade** major	**todas** all
com with	**esse** that	**turmas** groups
	geral general	

PRÁTICA ORAL

Exercício. Your instructor may ask you some **certo/errado** questions about this **voz.**

5. EXPRESSÕES ÚTEIS PARA A AULA E PARA A VIDA DIÁRIA

A. Cumprimentos *Greetings*:

Bom dia!	Hi *good day*!
Boa tarde.	Good afternoon.
Boa noite.	Good evening (night).
Oi! [*familiar*].	Hi
Como está você?	How are you?
Como está o senhor, professor?	How are you, professor?
Como vai? Tudo bem?	How are you? / Everything OK?
Muito bem, obrigado,–a.	Fine, thanks.
Tudo bem, e você?	Everything's O.K., and you?

B. Expressões úteis *Useful expressions*:

Qual (Como) é o seu nome?	What is your name?
O meu nome é…	My name is…
Sentem-se, por favor.	Sit down, please.
Abra (abram, *for more than one person*) o livro na página…	Open the book to page…
Feche (fechem) o livro.	Close the book.
Responda (respondam), por favor.	Answer, please.
Está certo.	That's right.
Não sei.	I don't know.
Não compreendo.	I don't understand.
Tenho uma pergunta.	I have a question.
Como se diz *armadillo* em português?	How do you say "armadillo" in Portuguese?
Fale mais devagar, por favor.	Speak slower, please.
Repitam todos juntos.	Everybody repeat.
Outra vez mais alto, por favor.	Once again, louder, please.
Você me entende?	Do you understand me?
Escute (escutem) bem.	Listen well.
Comece (comecem) agora.	Begin now.
Repita (repitam), por favor.	Please repeat.
O quê? / Como?	Pardon. (i.e., I didn't hear)
Lição de casa para amanhã.	Tomorrow's homework.
Façam os seguintes exercícios para amanhã.	Do the following exercises for tomorrow.
Vá ao quadro negro, por favor.	Go to the board, please.
Escreva (escrevam) a sua resposta no quadro negro.	Write your answer on the board.

Escreva (escrevam)…   Write…
Leia (leiam)…   Read…
Até logo.   See you later.
Até amanhã.   Until tomorrow.
Tchau.   Good-bye / ciao.
Obrigado,–a.   Thank you.
De nada.   You're welcome.
Com licença.   Excuse me.
Desculpe!   Excuse me!
Não faz mal.   That's O.K. [*Response to* Desculpe!]

Alunos da UFRJ.

The difference between **com licença** and **desculpe!** is that you use the first one BEFORE you do something (go past some one, leave a room), and the second one AFTER you do something (step on someone's toe's, bump against someone).

PRÁTICA ORAL

Exercício. What does one say…? Answer the questions your instructor will ask about what you would say in certain situations.

C. You need to know the names of the days of the week and a few numbers right away. While the rest of Europe was using the names of heavenly bodies and pagan gods for the days (*Moon Day, Mars' Day, Mercury's Day, Thor's day,* and *Freya's day*), Portuguese stuck to an ancient "market day" schedule. Sunday was the first market, but it bears the Christian name **domingo**. Saturday, **sábado**, derives from the Hebrew *Sabbath*.

> **domingo** *m Sunday*
> **segunda-feira** *f* "second market day" = *Monday*
> **terça-feira** *f* "third market day" = *Tuesday*
> **quarta-feira** *f* "fourth market day" = *Wednesday*
> **quinta-feira** *f* "fifth market day" = *Thursday*
> **sexta-feira** *f* "sixth market day" = *Friday*
> **sábado** *m Saturday*

Since Sunday begins the calendar week, then the second day corresponds to the second market.

NOTE: Much of the time, the word **feira** is not used: "A prova é na sexta, não é?" *The exam is on Friday, isn't it?*

PRÁTICA ORAL

Give the day that precedes and follows the events that your instructor will mention.

D. Here are Portuguese numbers, 1 through 12. Notice that both "1" and "2" have feminine forms:

1 **um, uma**	5 **cinco**	9 **nove**
2 **dois, duas**	6 **seis**	10 **dez**
3 **três**	7 **sete**	11 **onze**
4 **quatro**	8 **oito**	12 **doze**

PRÁTICA ORAL

Exercício. Prova de aritmética

MODELO: Um mais um, **dois**.
Três menos dois, **um**.

1. Quatro mais um, _____.
2. Três mais quatro, _____.
3. Oito menos cinco, _____.
4. Nove mais um, _____.
5. Sete menos cinco, _____.

6. Um mais sete, _____.
7. Nove menos sete, _____.
8. Dez menos cinco, _____.
9. Três mais três, _____.
10. Cinco mais cinco, _____.

DOIS A DOIS

First, look at the list of classes given below. Ask your instructor for the Portuguese equivalent of any courses you have this semester which are not on the list. Then, following the schedule in pairs each partner will inform the other of his or her class schedules. Take notes, because the instructor may ask you to tell about your partner's daily activities! Answer using a formula like "Geografia—quartas às onze. Psicologia —terças e quintas à uma." **À** and **às** mean *at*.

Aulas:	Cálculo	Geografia	Literatura brasileira
Alemão *German*	Computação	Geologia	Literatura inglesa
Antropologia	Direito *law*	Geometria	Matemática
Astronomia	Física	História	Psicologia
Biologia	Francês	Inglês	Química *chemistry*

	segunda	terça	quarta	qunta	sexta
08:00					
09:00					
10:00					
etc.					

VOZES BRASILEIRAS

*The **vestibular** is typically given on four consecutive Saturdays. The first exam is a composition. Candidates who do poorly on the composition are not allowed to continue. The exam in your proposed major will be **discursivo** essay style and the other parts will be **múltipla escolha** multiple choice. That is, if you are a proposed biology major, your biology test will be **discursivo**, but your history test, for example, will be **múltipla escolha**.*

O vestibular

O vestibular é um exame. É um concurso para preencher vagas. Cada universidade tem um determinado número de vagas e o vestibular é uma forma de fazer a seleção de estudantes. As faculdades desejam um conhecimento geral dependente da área. Existe certa lógica—se você deseja estudar Medicina, a prova de Biologia tem muito mais valor do que a prova de História.[a] Medicina tem o vestibular mais difícil.[b] Em Medicina é dificílimo—setenta candidatos para uma vaga.[c] Em Letras, às vezes acontece que tem mais vagas que candidatos.[d] Algumas faculdades não são tão difíceis para entrar.[d]

NOTES

[a] **A prova de biologia tem muito mais valor do que a prova de história** *the biology test has much more weight than the history test*

[b] **O vestibular mais difícil** *the most difficult entrance exam.* Nowadays, Architecture, Computer Science, and Engineering are requiring very high scores, too.

[c] Seventy seems low. A hundred is more like it.

[d] **Tem mais vagas que candidatos** *there are more openings than candidates.*

a to	**determinado** certain	**muito** much
acontece it happens	**difíceis** difficult	**número** number
algumas some	**dificílimo** very difficult	**para** for, to
cada each	**do que** than	**preencher** to fill
certa certain	**exame** test	**se** if
concurso competition	**existe** there exists	**tão** so
conhecimento knowledge	**Letras** Humanities	**setenta** seventy
dependente de depending on	**mais** more, most	**valor** worth

PRÁTICA ORAL

Exercício. Fill in the blanks:

1. O vestibular é um _____ para preencher vagas.
2. É um processo de fazer a _____ dos estudantes.
3. As faculdades desejam um _____ _____ dependente da área de especialização.
4. Para o curso de Medicina a prova de _____ é importante.
5. O vestibular mais difícil é o de _____.
6. Em Medicina tem ocasionalmente _____ candidatos para uma vaga.

DIÁLOGO

The "hero" of our dialogues is Scott Davis, from San Francisco. He has gone to Brazil to enroll in a program for foreign students at the Universidade de São Paulo. Through Lição 10, dialogues are translated, so no vocabulary is listed after them. Starting with Lição 11, dialogues will be followed by their vocabulary.

Scott estuda português num programa especial da USP. Na lanchonete da universidade ele toma um cafezinho com dois colegas e conversa com eles:

Scott is studying Portuguese in a special program at USP. At the university snack-bar he has an expresso with a couple of classmates and chats with them:

SCOTT: Maria Lúcia, a matéria de literatura brasileira é muito difícil?

MARIA LÚCIA: Um pouquinho. Mas você é bom em português. Não tem problema.

SCOTT: E você, que matérias está fazendo?

MARIA LÚCIA: História do Brasil, antropologia, filosofia moderna, francês e alemão.

JAIR: Puxa, são matérias difíceis!

MARIA LÚCIA: Não, são fáceis. O alemão é o único difícil. Scott, você é bom em alemão?

SCOTT: O meu alemão é terrível. Mas o alemão de Jair é bom.

JAIR: Eu? Em alemão? É *Auf wiedersehen* e mais nada.

MARIA LÚCIA: Deixa de bobagem, menino. Scott, você já é amigo de muita gente aqui na USP?

SCOTT: Não, eu sou um pouco tímido.

SCOTT: Maria Lúcia, is the Brazilian literature course very hard?

MARIA LÚCIA: A little. But you are good in Portuguese. No problem.

SCOTT: And you, what courses are you taking?

MARIA LÚCIA: Brazilian history, anthropology, modern philosophy, French, and German.

JAIR: Man, they're hard courses!

MARIA LÚCIA: No, they're easy. German is the only one that's hard. Scott, are you good in German?

SCOTT: My German is terrible. But Jair's German is good.

JAIR: Me? In German? It's *Auf wiedersehen.* and nothing else.

MARIA LÚCIA: Don't be silly, man. Scott, are you friends with many people here at USP?

SCOTT: No, I'm a little shy.

JAIR: Mas nós dois já somos seus amigos, não é?ª
SCOTT: Obrigado, vocês são muito amáveis.
MARIA LÚCIA: Nada disso. Que tal uma cervejinha hoje depois das aulas?
SCOTT: Claro!

JAIR: But the two of us are already your friends, aren't we?
SCOTT: Thanks. You're very nice.
MARIA LÚCIA: Oh, nothing of the sort! How about a beer after class?
SCOTT: Sure.

> **NOTE**
> ª **Não é?** is a universal "tag question" literally meaning *Isn't it?* But it can reflect any preceding verb. Here it would mean *Aren't we?* Brazilians frequently contract **não é** to **né**, as you will see several times in this book.

DOIS A DOIS

You are now ready to introduce yourself in pairs and practice a brief conversation, including questions on where you are from, what school you are attending, and explaining which classes you are taking. Then you switch partners to meet more class members.

LEITURA

This reading—deriving directly from an oral text—tells something about the federal, state, and Catholic universities found in the state of São Paulo. This information was provided by Fernando, a student at UNICAMP.

A USP e a UNICAMP

A melhor universidade, a mais conceituada do Brasil, é possivelmente a USP, que é a Universidade de São Paulo, a universidade do Estado de São Paulo. A Cidade Universitária, na periferia de São Paulo, é muito grande. É uma universidade estadual, não federal.

A Universidade Federal do Estado de São Paulo é em São Carlos. Com menos de três mil alunos, é menor que a USP. A UNICAMP, a Universidade de Campinas, é na cidade de Campinas, não muito longe de São Paulo. É uma universidade muito prestigiosa ao nível tecnológico. A PUC é a Pontifícia Universidade Católica. É administrada pela Igreja. A PUCCAMP é a Pontifícia Universidade Católica de Campinas. No Rio de Janeiro também tem a PUC.

alunos students	**estado** state	**menor** smaller
bem quite	**estadual** pertaining to the	**menos de** less than
cidade city	state	**nível, ao** on the—level
cidade universitária	**Igreja** Church	**periferia** outskirts
campus	**longe** far	**que** that, than
conceituada prestigious	**melhor** best	**também** also
		três mil 3000

PRÁTICA ORAL

Exercício. Answer the questions that will be asked about the reading.

UM POUQUINHO DE HUMOR

Dois batedores de carteira[a] no tribunal.

BATEDOR DE CARTEIRA: Senhor juíz,[b] o negócio é assim.[c] Nós **é** batedor de carteira desde menino.[d]
JUIZ: Não é «Nós é batedor de carteira», é «Nós somos batedores de carteira».
BATEDOR DE CARTEIRA: Puxa! O senhor juíz também é?

NOTES

[a] **Batedores de carteira** *pick-pockets*
[b] **Juíz** *judge*
[c] **O negócio é assim** *this is how it is*
[d] **Desde menino** *since child*, that is, *since we were kids.*

Na biblioteca da Universidade de Brasília

VOCABULÁRIO

This is what we consider to be the minimal active vocabulary from this lesson. Your instructor may want to assign some additional vocabulary and some of the classroom and daily expressions as well.

a to
aluno,–a student
ano year
aula class
brasileiro Brazilian
cadeira chair
caderno notebook
calouro freshman
caneta pen
casa house
chave *f* key
cidade *f* city — **universitária** campus
coisa thing
curso course
envelope *m* envelope
escrivaninha student desk
especialidade major
giz *m* chalk

horário schedule
janela window
lápis *m* pencil
língua language
livro book
mesa table
número number
página page
papel *m* paper
pasta briefcase
porta door
prédio building
prova test
quadro negro blackboard
que which, that, than
sala de aula classroom
também also
turma group

Números
1 **um, uma**
2 **dois, duas**
3 **três**
4 **quatro**
5 **cinco**
6 **seis**
7 **sete**
8 **oito**
9 **nove**
10 **dez**
11 **onze**
12 **doze**

Dias da semana
domingo Sunday
segunda-feira Monday
terça-feira Tuesday
quarta-feira Wednesday
quinta-feira Thursday
sexta-feira Friday
sábado Saturday

1. UM VERBO IMPORTANTE: TER

A. Ter *to have* is among the two or three most common and most useful verbs in Portuguese (or any language). **Ter** is an irregular verb (you'll start learning regular patterns in the next lesson), but since there are only four short forms, all beginning with **te-** it should be easy to learn:

Ter (to have)	
eu **tenho**	I have
o senhor/a senhora/você **tem**	you have
ele/ela **tem**	he/she has
nós **temos**	we have
os senhores/as senhoras/vocês **têm**	you (pl.) have
eles/elas **têm**	they have

"teng"
"teng"

NOTE: The singular **tem** is pronounced exactly like the plural **têm** in everyday speech. A long time ago there used to be a difference in pronunciation—the circumflex is just a relic of that era.

> **Tenho** uma pasta velha.
> > *I have* an old briefcase.
> A professora **tem** um carro novo.
> > The teacher *has* a new car.
> (Nós) **temos** uma casa no Rio.
> > *We have* a house in Rio.
> Vocês **têm** um lápis?
> > *Do you have* a pencil?

PRÁTICA ORAL

Exercício A. Fill in the blanks with the conjugated form of **ter** and indefinite article.

MODELO: Vocês *têm uma* aula de espanhol.

1. Eu _____ caderno de português.
2. Os senhores _____ casa bonita.

3. Marisa _____ noivo *boyfriend* americano.
4. Eles _____ problema difícil.
5. Você _____amiga brasileira.
6. Nós _____ professora inteligente.

Exercício B. What do these people have [or *not* have]? Make logical sentences from the following lists, choosing items from anywhere in either list. You may use **não** before forms of **ter**.

A	B
1. O/a professor/a	muitos amigos
2. Eu	uma aula interessante
3. Os alunos	um bebê
4. O presidente	uma casa bonita
5. Minha família e eu	muita experiência na política
6. Você e seus amigos	número de telefone do professor
7. A senhora	uma prova amanhã

Exercício C. Answer the questions you will be asked with **sim** or with **não, não**.

MODELO: Você tem uma família grande?
             Sim, tenho uma família grande.
             Não, não tenho uma família grande.

Exercício D. Answer the questions you will be asked. They are not of the *yes/no* type.

B. A *forma impessoal* TEM

Tem, which you recognize as a form of **ter**, is also used in Brazil in everyday speech to tell of the existence of something; it means both *there is* and *there are*.

Tem um restaurante excelente na Avenida Rio Branco.
   There is an excellent restaurant on the Avenida Rio Branco.
Tem dois carros na rua.
   There are two cars in the street.
Não **tem** um ponto de ônibus perto daqui.
   *There is*n't a bus stop near here.
Tem muitos táxis no Rio de Janeiro.
   There are many taxis in Rio de Janeiro.

PRÁTICA ORAL

Exercício. Answer the questions you will be asked.

NOTAS CULTURAIS

A vida universitária

University life is in some ways the same as in North America and in some ways different. Dress is even more casual—sun dresses or jeans and tee-shirt for the women; jeans, tee-shirts, and **chinelos** *flip-flops* or sneakers for the men.

Students will tend to congregate in the **lanchonete** of the **faculdade** or **instituto** and spend lots of time there in groups of friends. Non-alcoholic beverages, and beer are served—sometimes other alcoholic beverages, too. The legal drinking age in Brazil is 18, but it is not enforced.

Students who are fortunate to be admitted to a state university in São Paulo (USP and UNICAMP, for example) pay no tuition or lodging (**moradia estudantil** = dorm). It is all provided free. Dorms are quite limited, so students will generally live at home, in a small apartment, or in a **república**, which is a boarding house for students. At private universities, one has to pay for tuition as well as dorms.

Brazilian students enjoy athletics, and many will spend their lunch periods in athletic facilities either swimming (**natação**), playing gymnasium soccer (**futebol de salão**), volleyball (**vôlei**), or engaging in other activities.

2. A DESCRIÇÃO

A. Adjectives are words that describe nouns. In Portuguese, adjectives frequently go *after* the noun they characterize (unlike English, where they *precede*) because speakers of that language feel it is important to say *what it is* before saying *what it is like*:

É uma casa **grande**.
   It's a *big* house.
É um teatro **pequeno**.
   It's a *small* theater.
Marcelo é um estudante **brasileiro**.
   Marcelo is a *Brazilian* student.
Ronaldo é um **famoso** jogador de futebol.
   Ronaldo is a *famous* soccer player.
Iracema é um romance **interessante**.
   Iracema is an *interesting* novel.
Chico Buarque de Hollanda é um compositor **brasileiro.**
   Chico Buarque de Hollanda is a *Brazilian* composer.

In Portuguese, adjectives must *agree* with the nouns they describe. That is, if the noun is masculine and singular, the adjective must also be masculine and singular; if the noun is feminine and plural, the adjective must be feminine and plural as well. Adjectives that end in **-o** in the masculine form change the **-o** to **-a** in the feminine form:

A casa é **pequena**; o prédio é **pequeno**.
  The house is *small*; the building is *small*.
O ator é **engraçado**; a atriz é **engraçada**.
  The actor is *funny*; the actress is *funny*.
A bicicleta é **velha**; o carro é **velho**
  The bicycle is *old*; the car is *old*.

B. Now that you know *where* to place adjectives and how they work, you need to know some common ones and their opposites so that you can describe people and things around you.

difícil *difficult*	O cursinho não é **difícil**.
fácil *easy*	O vestibular é **fácil**?
grande *big*	A biblioteca é **grande**.
pequeno *small*	A casa do professor é **pequena**.
rico *rich*	O sultão é **rico**.
pobre *poor*	O estudante típico é **pobre**.
bonito *beautiful*	Copacabana é **bonita**.
feio *ugly*	A universidade não é **feia**.
novo *new*	A biblioteca da universidade é **nova**.
jovem *young*	Moacir é **jovem**.
velho *old*	O professor é **velho**.
interessante *interesting*	O filme *Orfeu Negro* é **interessante**.
chato *boring*	O filme *Uma passagem para a Índia* é **chato**.
comprido *long*	A avenida W-3 em Brasília é **comprida**.
curto *short*	A rua *street* das Flores é **curta**.
simpático *nice*	A professora Clara é **simpática**.
antipático *obnoxious*	O professor Frankenstein é **antipático**.
baixo *short*	O Pedrinho é **baixo**.
alto *tall*	Os jogadores de basquete *basketball* são geralmente **altos**.
gordo *fat*	Tenho um amigo **gordo**.
magro *thin*	Você é **magro**.
barato *cheap*	Compramos sapatos **baratos** no Brasil.
caro *expensive*	Um computador é **caro** no Brasil.
forte *strong*	Você é musculoso; é **forte**.
fraco *weak*	Eu sou **fraco** em francês.

Other important adjectives:

amável *friendly*	A professora brasileira é **amável**.
burro *stupid*	O Carlos não é **burro**.
doce *sweet*	O chocolate é **doce**.
engraçado *funny*	O filme é **engraçado**.
estudioso *studious*	Maria é **estudiosa**.
excelente *excellent*	Esta caipirinha *alcoholic punch* é **excelente**.
famoso *famous*	Antônio Carlos Jobim é **famoso**.

importante *important*	Oscar Niemeyer é um arquiteto **importante**.
ótimo *very good*	O novo restaurante é **ótimo**!
sério *serious*	*Dona*[1] *Flor e seus dois maridos* não é um filme sério.
universitário *pertaining to the university*	A *biblioteca* **universitária** *tem livros importantes*.
útil *useful*	Ter um dicionário é **útil**.
inteligente *intelligent*	Augusto é **inteligente**.
bobo *silly*	Iara é **boba**.

NOTAS CULTURAIS

Calouros e turmas

Júlio César e Aline procuram livros usados

Upon entering the university the **calouros** *freshmen* are placed in groups called **turmas**. Members of the **turmas** will come to know each other well since they will stay together, sharing the same classes, for most (if not all) of their academic careers. Thus, when North-American students think of themselves as being a member of a class that will graduate in a certain year, Brazilian students just think of themselves as members of a **turma do primeiro ano, do segundo** *second* **ano**, and so on.

Since there is usually no **faculdade** bookstore, but there is a copying service, much of the information students need will be in xerox form. Some entrepreneurs will sell books near the **institutos** from permanent stands they have built there. Technical and scientific books are hard to come by in Portuguese, so students regularly have to rely on foreign languages, such as English, Spanish, and French.

At UNICAMP (*Universidade Estadual de Campinas*) and other universities, the classes are scheduled in two-hour periods with no break. Classes tend to begin late and end a bit early because no time is allowed for students to move from one class to another. That is, there is an 8:00-10:00 class followed

---

[1] You can call any woman by her first name if you precede it by **dona**. Your classmates, of course, can be called by their first names with no **dona**.

immediately by a 10:00-12:00 class. These courses meet two times a week, so the typical course is worth four credits.

Um almoço no «Bandejão»

The old standard grading system used numbers 1-10, with 10 being the best grade, and 5 being the minimum to pass (= our D). An average of 7 is considered good. Now letter grades are used: A, B, C, D, and E (A being the highest grade).[2] Some **faculdades** require a C average, others a B.

Brazilian students can eat in student restaurants using monthly ticket books for their **refeições** *meals*. Student meals are highly subsidized in state-run universities such as USP and UNICAMP—meal tickets cost about a tenth of the equivalent of an American lunch. Brazilian student restaurants often serve food in metal trays,[3] thus simplifying the cleaning-up process. A variety of food is served: a meat course consisting of beef or chicken, a salad, and always rice *and* beans. On leaving the food line, students go to juice machines to get a beverage, such as juice or iced tea.

C. Good and bad. Masculine **bom** and feminine **boa** mean *good*. They often *precede* the noun they describe instead of following it. **Ruim**, meaning *bad* (for both masculine and feminine), always *follows* the noun:[4]

Isabel é uma **boa** pessoa.
   Isabel is a *good* person.
O Doutor Gomes é um **bom** professor.
   Doctor Gomes is a *good* professor.

But:

O Fluminense não é um time **ruim**.
   The Fluminense is not a *bad* [soccer] team.
Tenho um carro **ruim**.
   I have a *bad* car.

D. Adjectives that end in **-e** or in a consonant keep the same form with both masculine or feminine nouns:

---

[2] The Brazilians don't use F. One Brazilian suggested F stood for **fabuloso**.

[3] In fact, the student restaurant at USP is known as «**Bandejão**», after the **bandeja** *tray* that the food is served on. The photograph shows the less-typical tray with real plates.

[4] Brazilians also use **mau** *masc.* and, **má** *fem.* as a synonym for **ruim**.

A fruta é **doce**; o açúcar é **doce**.

>The fruit is *sweet*; sugar is *sweet*.

A árvore é **verde**; o carro é **verde**.

>The tree is *green*; the car is *green*.

O brasileiro é **cortês**; a brasileira é **cortês**.

>The Brazilian man is courteous; the Brazilian woman is courteous.

O exercício é **fácil**; a lição não é **fácil**.

>The exercise is easy; the lesson is not easy.

But adjectives of *nationality* that end in a consonant in the masculine form add an **-a** for the feminine form. If the masculine form has a circumflex, it loses it in the feminine form: **um ator inglês, uma atriz inglesa** *an English actor, an English actress*; **um doutor português, uma doutora portuguesa** *a Portuguese doctor*.

PRÁTICA ORAL

Exercício A. Select and supply the appropriate form of a proper adjective.

1. A aula de Português para mim é muito _____.
2. Vera estuda Química, Cálculo e Física. É porque o curso dela é _____.
3. Nos filmes antigos o famoso cômico Stan Laurel é _____ mas o companheiro dele, Oliver Hardy é _____.
4. A família Rockefeller é muito _____ mas também é filantrópica e ajuda a gente _____.
5. O preço duma refeição (*meal*) num restaurante elegante é _____ ; o preço das refeições no McDonald's é _____.
6. O edifício Empire State em Nova Iorque é _____.
7. Arnold Schwartzenegger é um homem _____. Comparado com ele, o homem comum é _____.

Exercício B: Complete these statements choosing an appropriate form of the adjective from the nationalities you know or from the following list:

espanhol, chinês, japonês, italiano, russo, canadense, coreano, alemão

1. María é de Madri; ela é…
2. Charles é de Nova Iorque;…
3. Albert é de Paris;…
4. Margarida é do Rio de Janeiro;…
5. Henrique é de Lisboa;…
6. Dieter é de Berlim;…
7. Os senhores Boscov são da Rússia;…
8. Chen é de Taiwan;…
9. O senhor Smith é de Londres;…
10. Mimi é de Toronto;…

Exercício C. As nacionalidades. Give an appropriate adjective.

1. O Rio de Janeiro é uma cidade _____.
2. A paella é uma comida _____.
3. O Hyundai é um carro _____.
4. O Siciliano é um dialeto _____.

5. O meu amigo Wolfgang tem nome _____.
6. Os Kennedy são uma famosa família _____.
7. A vodca é uma bebida _____.
8. O chow-mein é um prato _____.
9. *Sayonara* é uma palavra _____.
10. Toronto é uma cidade _____.

E. Colors.

As Cores

branco	vermelho	verde
preto	amarelo	cor-de-laranja
cinzento	azul	roxo
	marrom	cor-de-rosa

Colors that end in **-o** in the masculine form need an **-a** for the feminine form:

A casa é **branca**; o prédio é **branco**.
O lápis é **preto**; a página é **amarela**.

Verde, azul, cor-de-rosa and **cor-de-laranja** show no gender change:

A árvore é **verde**; o carro é **verde**.
    The tree is *green* and the car is *green*.
A camisa é **cor-de-rosa** mas o chapéu é **azul**.
    The shirt is *pink* but the hat is *blue*.

Cor-de-rosa and **cor-de-laranja** also have no plural forms: **Ele tem oito camisas cor-de- rosa** *He has eight pink shirts*. For brown hair and eyes, **castanho** is used: "Ele tem olhos castanhos." A person with blond hair is **loiro,-a**.

PRÁTICA ORAL

Exercício A. De que cor(es) é... Your instructor will ask you questions about the color of certain items.

Exercício B. Your instructor will mention some items. Tell what colors you associate with those items.

DOIS A DOIS

In pairs, compare personal characteristics and other details about yourselves. Afterwards, describe how you are similar and your partner will describe how you differ.

VOZES BRASILEIRAS

*How you address a person, either with **você** or with **o senhor**, is known as **tratamento**. In a rather casual country such as Brazil, professors are frequently addressed in the common **você** form.*[5]

O tratamento do professor

«O senhor» só é usado para um professor mais antigo, que já tem um certo ar de respeitabilidade. Se o professor é mais jovem, e conforme mesmo o estilo do professor, mesmo que sejam mais velhos, a gente chama os professores de «você».[a] Se o aluno é inibido talvez chama de «o senhor». E se o professor não gosta daquele[b] tipo de tratamento, imediatamente fala "Me chama de «senhor»." Na escola secundária e na escola primária, aí o tratamento, acho que,[c] em geral é de «o senhor» e «a senhora».

NOTES

[a] **A gente chama os professores de «você»** *People call professors "você"* In Brazilian Portuguese, when you "call someone something" you need **chama + de + *what you call the person*.** This **de**, of course, has no translation in English.

[b] **gosta de** *likes.* **Gosta** always requires **de** when something follows.

[c] **Acho que** *I think.* This is very common, and you'll find it useful.

aí there	**imediatamente** immediately	**respeitabilidade** respectability
antigo old	**geral, em** generally	**secundária** secondary
aquele that	**inibido** shy	**sejam** may be
ar air	**já** already	**talvez** perhaps
conforme depending on	**mais** more	**tratamento** address
estilo style	**mesmo (que)** even (if)	**usado** used
fala says		

PRÁTICA ORAL

Answer the questions you will be asked with **certo** or **errado**.

---

[5] In the conservative, traditional Colleges of Law and Medicine, professors are still addressed as "doutor" plus their last name.

3. INTENSIFICAÇÃO DO ADJETIVO

Adjectives can be given shades of meaning by using *intensifiers*. These words precede the adjective:

O Congresso Nacional é um prédio **muito** grande.
    The Congresso Nacional is a *very* big building.
O Palácio do Itamaraty é um prédio **bem/bastante** grande.
    The Itamaraty Palace is a *quite* large building.
José é **pouco** inteligente.
    José is *not very* intelligent.

NOTE: *Not very* can also be rendered by **não... muito**: A casa do José **não é muito** grande.

The notion of *too* (as in *too small*) is expressed with the word **demais** following the adjective.

O vestibular é difícil **demais**.
    The *vestibular* is *too* hard.

PRÁTICA ORAL

Exercício A. Answer the questions your instructor will give.

Exercício B. Use the statements your instructor will give, saying how you feel about the various items.

MODELO: A história é difícil?
            Para mim [*For me*], é pouco difícil.
            Para mim, é muito difícil.
            Para mim, sim, é bem difícil.
            Para mim, é difícil demais!

Exercício C. Using intensifiers, describe how you feel about another set of statements your instructor will give.

VOZES BRASILEIRAS

*The three **Vozes brasileiras** that follow talk about hazing (**trote**) at the **faculdade** when Pedro, Gilberto, and Álvaro were freshmen in different institutions. All three managed to escape using different ploys. In these texts, some past-tense verbs are included: all of them will be in the **vocabulário** that follows each section.*[6]

---

[6] Recently the *trote* has undergone some intense discussion in the newspapers following the drowning death of a freshman in Medicine at USP at a party organized by upperclassmen. He was tossed into a swimming pool, and because he couldn't swim, he drowned. There followed an outcry by some that hazing is a violent tradition that only humiliates—or worse—the newcomers. Others said that hazing is nothing more than a rite of passage that it's an easy way to integrate freshmen into the society of the University.

O trote de Pedro

Trote é a brincadeira de entrada na universidade. Quando entra na universidade tem esse costume. Eu tive sorte[a] e escapei. Eu não fui nessa primeira semana em que o pessoal que quer o trote espera as pessoas que fazem matrícula.[b] Eu fiz a matrícula mais tarde e dizia que não era calouro. Então eu escapei. No trote, você tem que fazer[c] algumas brincadeiras que humilham. Tem que pedir dinheiro na rua—eles cortam o cabelo, deixam careca quase totalmente.[d] Pintam a cabeça, de mulher principalmente, porque não cortam o cabelo.

NOTES

[a] **Tive sorte** *I had luck = I was lucky*

[b] **Fazem matrícula** *register at the university.* **Matrícula** *is registration.*

[c] **Tem que fazer** *you have to do.* **Tem que** *means have to.*

[d] **Deixam careca quase totalmente** *they leave [you] almost completely bald.* Brazilian Portuguese regularly leaves out the obvious (at least, to native speakers) object of the verb (*you* in this case). This takes a lot of getting used to for English speakers. Finally, the word **careca** uses the *feminine* form only. There is no masculine form.

brincadeira prank	**era** I was	**pessoas** persons
cabeça head	**escapei** I escaped	**pintam** they paint
cabelo hair	**espera** wait for	**porque** because
careca bald	**esse,-a** that	**principalmente**
cortam cut	**fiz** did	mainly
deixam they leave	**fui** I went	**quando** when
dinheiro money	**humilham** humiliate	**quer** want
dizia I was saying	**mais tarde** later	**rua** street
em que in which	**matrícula** registration	**semana** week
então then, so	**pedir** ask for	**tive sorte** I was lucky
entra enters	**pessoal** people	**trote** hazing
entrada entrance		

4. MAIS SOBRE PERGUNTAS

A. When you want to ask a question to *find out* the description of something or someone, you begin your question with **como** *how* or *what is [something/ someone] like*:

Como é o carro?	É grande.
Como é a professora?	É interessante.
Como é João?	É inteligente.

To ask *who?* either singular or plural, just use **quem**? Since **quem**? asks *who?* a person's name or a pronoun is required in the answer.

Quem é o novo professor?	É o Doutor Pereira
Quem tem uma motocicleta.	Nós temos uma motocicleta.
Quem estuda arquitetura?	Eu estudo arquitetura

B. Asking an ordinary question, one without a question word (such as **como?** and **quem?**), is very easy—just put a question mark at the end of a declarative sentence (and mimic your instructor's intonation):

Statement	Question
Você estuda na biblioteca	Você estuda na biblioteca?
Eles vão ao Oriente.	Eles vão ao Oriente?
Nós começamos agora.	Nós começamos agora?

VOZES BRASILEIRAS

O trote de Gilberto

Chama-se «trote» e é para o calouro. Os veteranos raspam cabelo, pintam o rosto, o corpo e fazem a pessoa pedir dinheiro na rua.[a] Na faculdade, os veteranos percebem que ele é novo, vão em cima dele e pintam o rosto. Isso passa durante a primeira semana. É difícil escapar. Depois não, tudo bem.[b] Eu escapei. O pessoal que sofre trote na faculdade é porque os amigos—estudantes velhos—sabem que eles entram na[c] faculdade. Eu não contei para meus amigos,[d] demorei para contar que ia à faculdade e por isso[e] escapei.

NOTES

[a] **Fazem a pessoa pedir dinheiro na rua** *they make the person ask for money in the street.*

[b] **Tudo bem** *everything's OK.*

[c] **Entram na** *they enter.* In Brazilian Portuguese, you frequently say **entrar** *em enter in.*

[d] **Eu não contei para meus amigos** *I didn't tell my friends.* **Contar para** means *to tell [to someone]*. In English, of course, we just "tell someone" something, without *to*, so the use of **para** is hard to get used to.

[e] **Por isso** *for that reason*

chama-se it is called	**durante** during	**passa** happens
contar to tell	**em cima de** on top of	**percebem** see
contei told	**escapar** to escape	**raspam** shave
corpo body	**ia** I was going	**rosto** face
demorei I delayed	**meus** my	**sofre** undergoes
depois afterwards	**para** to, for	**veterano** upperclassman

C. Asking a question with an adjective is also easy—just put a question mark at the end of an ordinary sentence, as the first column below shows. For emphasis, you can reverse the two halves of the sentence, as in the second column:

A turma é grande?   É grande a turma?
A casa é pequena?   É pequena a casa?
O romance é interessante? É interessante o romance?

The emphatic version of the question differs from English word order. In English, only the **subject and verb** change place (Statement: *The elephant is smart*; Question: *Is the elephant smart?*), but in Portuguese the **two halves** change place (Statement: **O elefante é inteligente**; Question: **É inteligente o elefante?**) This can be easily grasped if you study the position of the adjective (**inteligente**/*intelligent*) in both examples.

VOZES BRASILEIRAS

O trote de Álvaro

Eles têm o que chamamos o «trote». Varia, mas a maioria dos trotes consiste em[a] cortar ou raspar o cabelo, pintar o rosto, pintar o corpo, fazer a gente ir na rua vestido de forma estranha, mergulhar num lago público, alguma forma de trote deste tipo. Eu não passei por isso. Chamam todos os calouros para uma sala. E lá fazem uma espécie dum processo de seleção. Acontece que entre os calouros tem outras pessoas que já estão lá. Eu tomei uma atitude de não ser calouro, de fingir ser[b] veterano, e como ninguém me conhecia,[c] poucos podiam saber se era calouro ou não era calouro. Então nada passou comigo.

NOTES

[a] **Consiste em** *It consists of*. One of the ways languages differ is in the use of different prepositions in the same circumstances.

[b] **De fingir ser** *of pretending to be*

[c] **Como ninguém me conhecia** *since no one knew me*. Pronouns such as **me** go before the verb most of the time in Portuguese.

como since	**já** already	**outras** other
conhecia knew	**lá** there	**passou** happened
deste of this	**lago** lake	**podiam** they could
entre among	**maioria** majority	**poucas** few
era I was	**mas** but	**saber** know
espécie type	**mergulhar** to dive	**todos** all
estão are	**nada** nothing	**tomei** I took
estranha strange	**ninguém** no one	**varia** it varies
fingir to pretend	**ou** or	**vestido** dressed

5. «VOCÊ É ESTUDANTE:
É UM ESTUDANTE APLICADO»

Following the verb **ser**, the indefinite article (**um, uma**) is not used in Portuguese before nouns of nationality, occupation, or religious or political affiliation.

Ele é dentista.   Ela é republicana.
Eu sou italiano.   Você é católica

But when the noun is described with an adjective, the indefinite article *is* used:

Ele é *um* dentista respeitado. Ela é *uma* republicana muito ativa.

PRÁTICA ORAL

Exercício A. Insert an article if necessary.

1. Ela é _____ estudante.
2. Carlos é _____ rapaz simpático.
3. Rui é _____ brasileiro.
4. Dona Lídia é _____ cantora.
5. Glória é _____ moça bonita.
6. Elas são _____ americanas.
7. Penha é _____ ótima funcionária.
8. Mário é _____ professor de português.
9. Mário é _____ bom professor de português.
10. A doutora Alice é _____ médica.

Exercício B. Answer the questions following the model. Begin your answer with **sim** *yes*.

MODELO: Conceição é estudante. É aplicada?
            Sim, é uma estudante aplicada.

1. Eduardo é dentista. É competente?
2. Dona Luísa é dona de casa. É eficiente?
3. O Doutor Sousa é médico. É bom?
4. Mário é funcionário. É amável?
5. Margarida é empregada. É jovem?
6. Dona Clarice é advogada *lawyer*. É rica?
7. O Sr. (=Senhor) Barbosa é político. É ativo?
8. Madonna é cantora. É famosa?
9. Você é aluno,-a. É inteligente?
10. Eu sou professor,-a. Sou solteiro,-a *unmarried*?

Calouro com a cara pintada

NOTAS CULTURAIS
Festas dos institutos

Brazilian **faculdades** and **institutos** show some fund-raising initiative by holding large **festas** *parties*, to which they sell tickets in advance, and to which all students—even those of other **faculdades**—are invited.

These parties can be held on campus, but often they are held in rented **boates** *nightclubs*. Sometimes parties will be thrown by different institutes of the same university, or even different institutes of two separate universities. For example, the **Instituto de Economia** at UNI-CAMP and the **Faculdade de Odontologia** *dentistry* at PUCCAMP might sponsor a **festa** together.

At university parties—at any party, in fact—the typical alcoholic punch served is **caipirinha**, made of **pinga**, also known as **cachaça** (which is a white rum), mixed with sugar and citrus fruit juices, mostly lemon and lime.

There is no such thing as a Brazilian student party without dancing, sometimes constant music and constant dancing. The staple is dancing to American and pop Brazilian groups. They also dance to **forró** music from the Brazilian Northeast—**o Nordeste**. Couples dance tightly together.

PRÁTICA ORAL

Answer the *true/false* questions you may be asked.

DIÁLOGO

Numa praça de alimentação[a] no centro de São Paulo, Scott pede um beirute de frango e uma Antárctica[b] e vai se sentar numa mesa para almoçar. Um rapaz junto dele nota que Scott traz dois livros e um caderno na mão e pergunta se ele é aluno da USP. Conversam um pouco e o rapaz diz que também estuda na USP. Decidem então sentar-se na mesma mesa para conversar mais durante o almoço.

In a food court in downtown São Paulo, Scott orders a chicken beirute sandwich and an Antárctica beer and is going to sit at a table to eat lunch. A fellow next to him notices that Scott is carrying two books and a notebook and asks him if he is a student at USP. They talk a bit, and the fellow says that he is also studying at USP. They then decide to sit at the same table to converse some more during lunch.

ESTUDANTE: Esta mesa aqui está bem para você?

SCOTT: Claro! Está ótima.

ESTUDANTE: Puxa vida, como faz calor aqui!

SCOTT: Faz mesmo. E você, o que estuda?

ESTUDANTE: Faço a pós[c] em bioquímica. E você?

SCOTT: Ah, eu estudo português, literatura brasileira e história do Brasil. Eu sou americano.

ESTUDANTE: Já tem muitos amigos na USP?

SCOTT: Sim, alguns. Eles me falam para ter cuidado com o «trote». O que é isso?

ESTUDANTE: É uma brincadeira que fazem com os calouros. Raspam o cabelo, mandam pedir dinheiro na rua, mergulhar na piscina e coisas assim. Mas você é estudante estrangeiro. E não é calouro, é?

SCOTT: Não, não sou.

ESTUDANTE: Então tudo bem. Você sabe que no sábado tem um baile organizado pela[d] turma de arquitetura? Você vai?

SCOTT: Bem, eu acabo de chegar[e] em São Paulo. Conheço pouca gente aqui.

ESTUDANTE: E daí? Eu vou com uns colegas. Você vem também.

SCOTT: Tá legal. Onde te encontro?[f]

ESTUDANTE: Aqui mesmo. No sábado[g] às oito, tá?

SCOTT: Ótimo.

ESTUDANTE: O meu nome é Rogério. E você?

SCOTT: Scott Davis.

ESTUDANTE: Prazer. Agora tenho aula. Até sábado!

SCOTT: Tchau, Rogério.

STUDENT: Is this table OK for you?

SCOTT: Sure. It's perfect.

STUDENT: Gee, is it ever hot in here!

SCOTT: It sure is. What do you study?

STUDENT: I am a graduate student in biochemistry. How about you?

SCOTT: Oh, I study Portuguese, Brazilian literature, and the history of Brazil. I am American.

STUDENT: Have you made many friends at USP?

SCOTT: Yes, a few. They tell me to be careful about the *trote*. What's that?

STUDENT: It's a prank that they play on freshmen. They shave their heads, make them beg for money in the street, dive into the pool, and things like that. But you are a foreign student. And you are not a freshman, are you?

SCOTT: No, I'm not.

STUDENT: Then everything's OK. Do you know that on Saturday there is a dance put on by the architecture students? Are you going?

SCOTT: Well, I've just arrived in São Paulo. I don't know many people here.

STUDENT: So what? I'm going with some classmates. You can come too.

SCOTT: Great! Where do I meet you?

STUDENT: Right here. Saturday at eight, OK?

SCOTT: Good!

STUDENT: My name is Rogério. And yours?

SCOTT: Scott Davis.

STUDENT: Nice to meet you. I have a class now. See you Saturday.

SCOTT: Ciao, Rogério.

Beirute

NOTES

[a] **Praças de alimentação** *food courts* are quite popular in Brazil. The one pictured here is downtown and doesn't have any of the chain restaurants commonly seen in the malls, such as McDonald's, its Brazilian cousins Bob's and Habib's, a Pizza Hut stand, and a Parmalat ice-cream stand.

[b] The preferred beer in São Paulo is Antárctica. Brahma beer is the favorite in Rio. Two sandwiches favored by Brazilian students are the **beirute** and the **bauru**. The **beirute** (pictured here, is named after the Lebanese city) is made with pita bread filled either with chicken or ground beef to which is added fried egg, tomato, lettuce, and mayonnaise. The **bauru** is made with a **pão francês** *bread roll* between whose halves is put grilled ham, cheese, tomato slices, salt, and oregano.

[c] **Faço a pós[-graduação]** *I'm in graduate school*

[d] **Pela** is another contraction. **Por** *by* contracts with articles this way: **por + o = pelo, por + a =**

pela, por + os = pelos, por + as = pelas.

ᵉ **Acabo de chegar** *I have just arrived.* The infinitive (**-ar** form of verb) is translated as an *-ed* form after forms of **acabar de**.

ᶠ **Onde te encontro?** *Where will I meet you?* **Te** means *you* (object pronoun), used with friends.

ᵍ **No sábado** *[On] Saturday*

LeiTURA

O Dia do Calote

Alberto is a Law student at USP. *He says that what he describes used to happen only in one college in one city and only once a year, but the custom is spreading. Alberto uses both **ir para** and **ir em** to mean to go to. It is good for you to be aware of both uses, which are quite common.*

«Calote» é quando você deve dinheiro para alguém e não paga. Na USP há uma tradição na Faculdade de Direito chamada «o Dia do Calote».ᵃ Um grupo de estudantes vai para um restaurante, e depois de comer canta uma canção e não paga.

Os restaurantes e bares perto da USPᵇ conhecem esta tradição. Alguns inclusive fecham as portas nesse dia. O que éᶜ engraçado é que às vezes os estudantes vão bem vestidos a um restaurante chique, longe da universidade, onde não conhecem a tradição. Eles pedem pratos caros e champanhe e quando o garçom traz a conta, todos os estudantes se levantam e cantam uma musiquinha em que dizem que o dono do restaurante é bom camarada e não vai cobrar. Se ele cobrar, ele é ruim e malvado.

O garçom chama o gerente. O gerente vem e eles cantam a musiquinha de novo. Ele normalmente fala: "Tudo bem, deixa passar."

NOTES
[a] The traditional date for the **Dia do Calote** is August 11.
[b] It is really only the College of Law (pictured here), in town, which observes this tradition.
[c] **O que é** *what is*. This is very common. You'll need it dozens of times a day when you speak.

Eduardo em frente da Faculdade de Direito da USP.

acaba winds up	**depois de** after	**malvado** mean
alguém someone	**deve** owe	**mesmo** even
bares bars	**dia** day	**musiquinha** little song
calote bad debt	**dinheiro** money	**novo, de** again
camarada friend	**Direito** law	**paga(m)** pay
canção song	**dono** owner	**pedem** they order
chique chic	**engraçado** funny	**perto de** near
cobrando charging	**fecham** close	**pratos** dishes
cobrar charges	**foram** they went	**traz** brings
comem they eat	**garçom** waiter	**vai** go
comer to eat	**gerente** manager	**vem** comes
conhece(m) know	**inclusive** even	**vez, uma** once
conta check	**já** already	**vezes, às** once in a while
deixa passar! let them go!	**levantam, se** stand up	**vestidos** dressed
	longe de far from	

PRÁTICA ORAL

Exercício A. Complete the following sentences:

1. «Calote» é _____
2. O Dia do Calote é uma tradição _____
3. Os estudantes vão _____
4. Os restaurantes e os bares perto da USP _____
5. No Dia do Calote alguns restaurantes _____
6. Às vezes os estudantes vão _____
7. Os estudantes cantam que o dono _____
8. Eles dizem que se ele cobrar _____
9. Normalmente o gerente _____

TEMAS PARA REDAÇÃO

Describe a good friend. What is that friend like? That friend is a student of…?

UM POUQUINHO DE HUMOR

O caloteiro habitual entra no barzinho [*café*] e pede:
—Um sanduíche de queijo e uma cerveja antes de começar a briga.[a]

O garçom serve o cliente. Algum tempo depois:[b]

—Por favor, outro sanduíche e outra cerveja antes de começar a briga.

O empregado não entende bem isso da briga[c] mas serve o outro sanduíche e a outra cerveja. Por fim, curioso, pergunta:

—Desculpe. Que briga?

—Ah, é que não tenho dinheiro para pagar a conta, viu?

NOTES:

[a] **Antes de começar a briga** *before the fight begins*
[b] **Algum tempo depois** *some time later*
[c] **Isso da briga** *the business about the fight*

bem well	**entra** enters	**pergunta** he asks
briga fight	**garçom** waiter	**por favor** please
caloteiro welsher	**isso** that	**por fim** finally
cerveja beer	**outro** another	**queijo** cheese
conta check	**pagar** to pay	**serve** serves
dinheiro money	**para** in order to	**tenho** I have
entende understands	**pede** orders	**viu?** see?

VOCABULÁRIO

alto tall	**estudioso** studious	**ruim** bad
amável friendly	**excelente** excellent	**ser** to be
antigo old	**fácil** easy	**sério** serious
antipático unpleasant	**famoso** famous	**simpático** nice
baixo short	**feio** ugly	**talvez** perhaps
barato cheap	**forte** strong	**tem** there is, there are
bobo silly	**fraco** weak	**ter** to have
bom, boa good	**gordo** fat	**útil** useful
bonito beautiful	**grande** big	**velho** old
burro stupid	**importante** important	
caro expensive	**inibido** shy	<u>As cores</u>
chato boring	**inteligente** intelligent	**amarelo** yellow
como? how, what… like?	**interessante** interesting	**azul** blue
comprido long	**jovem** young	**branco** white
curto short	**magro** thin	**cinzento** grey
dia *m* day	**mau, má** bad	**cor-de-laranja** orange
difícil difficult	**ótimo** very good	**cor-de-rosa** pink
doce sweet	**outro** another	**marrom** brown
engraçado funny	**pequeno** small	**preto** black
entrada entrance	**pobre** poor	**roxo** purple
espécie *f* type	**quem?** who?	**verde** green
estranho strange	**rico** rich	**vermelho** red